쉬운 길은 재미없지 인생도, 골프도

인문학 시인선 035

쉬운 길은 재미없지 인생도, 골프도
이현희 제2시집

제1쇄 인쇄 2025. 5. 1
제1쇄 발행 2025. 5. 10

지은이 이현희
펴낸이 민윤식
펴낸곳 인문학사

등록번호 제 2023-000035
서울시 종로구 종로19(종로1가) 르메이에르빌딩 A동 1430호
전화 : 02-742-5218

ISBN 979-11-93485-32-3 (03810)

ⓒ이현희, 2025
Printed in Seoul, Korea

*잘못 만들어진 책은 본사나 구입하신 서점에서 교환하여 드립니다.
*이 책은 저작권법에 의해 보호받는 저작물이므로 저작자와
 출판사의 서면동의 없이는 무단 전재와 무단복제를 금합니다.

인문학 시인선 035

이현희 제2시집

쉬운 길은 재미없지
인생도, 골프도

인문학사

시인의 말

사십 대 중반 늦은 나이에 골프를 시작하고, 이렇게
재미있는 놀이도 있구나 라는 생각을 하면서, 골프와
인생은 닮았다는 선배님들의 말씀이 과연 그렇다고
생각했습니다.

골프와 인생을 연결하는 시를 써보라는 권고를 받을
때부터 많이 망설였습니다. 내가 골프를 알면 얼마나 알고
인생을 알면 얼마나 안다고….
골프와 관련한 시를 쓸 수 있을까? 의문이 들었고
그동안 써둔 골프에 대한 내가 아는 이야기들을 묶어
시집을 만들려고 하면서도 같은 걱정이 앞섰습니다.
한편으로는 그렇다고 모를 것은 무엇이며, 또 좀 모르면
어떤가.
누군들 다 알까, 김국환의 노래 "타타타" 가사처럼 다
안다면 재미없지….

골프가 도전이듯이 한번 해보자는 도전 의식으로 원고를
정리했습니다. 사는 일에 일가견이 없듯이 골프에
대한 전문 지식은 없습니다. 동료들, 친구들과 어울려

다니며 골프를 즐기다 보니 어느새 젊은 시니어가 되어 있습니다.

골프를 즐기면서 보고들은 에피소드와 골프를 통해서 배우고 느낀 개인적인 감정을 중심으로 작성했습니다. 물론 다소의 과장과 너스레는 양념처럼 포함되어 있습니다.

골프를 사랑하고 좋아하는 분들에게 즐거웠던 기억을 떠올리는 기회를 제공할 수 있기를 바라면서 조금 두려운 마음으로 이 시집을 냅니다.

"만약, 그때 골프를 시작하지 않았다면 우리는 지금 무엇을 하고 있을까요."

생각해 보면 아찔하지 않습니까?

2025년 4월
月山 이현희

contents

시인의 말 ——— 004

1홀

엄지척의 유혹 ——— 012
신혼 같은 무아지경 ——— 013
쩐의 전쟁은 시작되고 ——— 014
머리 올리던 날 ——— 015
살아만 있으면 돼 ——— 016
눈에 보이면 괜찮아 ——— 017
꼴머슴 아이들 ——— 018
막내 여동생 닮은 심술꾸러기 ——— 019
일타강사의 수익률 ——— 020
두렵지 않다 ——— 022

2홀

공자의 말씀 ——— 024
언덕에 올라 ——— 025
공평과 공정의 사이에서 ——— 026
길목 지키는 어깨처럼 ——— 027
내 안에 네가 너무 많아서 ——— 028
프로젝트 끝자락 ——— 029
첫술에 배부르랴 ——— 030
주문을 외우자 ——— 031
놀부네 화초장 ——— 032
황산벌 전투 ——— 033

3홀

줄탁동시로 에이지 슈트 ——— 036
스트로크부터 후세인까지 ——— 037
너만 모르고 다 알아 ——— 038
보기만 해도 즐거운 ——— 039
공수래공수거는 팔자소관 ——— 040
뭐시 중헌디… ——— 041
허울의 그림자, 외로움을 알까 ——— 042
독수리 창공을 날다 ——— 044
오늘만 그럴까? ——— 045
고리대금 사채 ——— 046

4홀

주사파, 성화가 났구나 ——— 048
집사람 유혹한 죗값 ——— 050
미련 곰탱이는 등짐이 무겁다 ——— 051
신이 되고픈 인간의 잔혹사 ——— 052
실수가 우성인가 봐 ——— 054
산수가 제일 어려웠음을 ——— 055
가지 많은 나무 바람 잘 날 없고 ——— 056
뒤땅에 오비는 없다지만 ——— 058
총천연색 꿈을 꾼다 ——— 059
하우 두 유 두 ——— 060

5홀

헌 공이 말하길 ——— 062
친구 따라 강남 가기 ——— 063
민어 매운탕의 전설 ——— 064
누구나 기회는 있다 ——— 065
진물 말리는 남자 ——— 066
톰과 제리의 공놀이 ——— 067
재수가 일으킨 재수 ——— 068
아! 이러니 ——— 069
기쁨은 짧고 근심은 길고 ——— 070
부인 덕으로 사는 남자 ——— 071

6홀

쉬운 길은 재미 없지 ——— 074
필사와 필드의 사냥은 동격이다 ——— 076
눈총 맞은 까닭은 ——— 077
때가 되면 투표하는 것처럼 ——— 078
다른데 같은 말 ——— 079
JP의 산수 혁명 ——— 080
선택의 기로에 서서 ——— 082
나부끼는 깃발 ——— 093
동그라미 둥근 뜻은 ——— 084
연극이 끝난 무대 ——— 085

7홀

서쪽에서 해 뜰 날 ——— 088
날 데려가 주오 ——— 089
보따리 싸는 설렘으로 ——— 090
참새, 하늘을 날다 ——— 091
설렘이 잔디를 밟게 한다 ——— 092
그래 이 맛이야! ——— 093
서남쪽 에이지슈트 해가 뜰까? ——— 094
집에서 새는 바가지 타령 ——— 095
탱크 굴러 가위눌리고 ——— 096
이미 산 것은 환불이 안된다 ——— 097

8홀

안 되는 것은 안 되지 ——— 100
장타자가 일으킨 사달 ——— 101
인어들의 동심원 ——— 102
미수의 따님처럼 ——— 103
눈빛으로도 안 된다면 ——— 104
일구종사, 엮인 풍상을 닦고 ——— 105
검지의 무죄 ——— 106
김치라면 국물만 하기를 ——— 107
환청, 어울림 소리 ——— 108
맞짱 뜨기에서 지면 ——— 109

9홀

이런 것이 마루타 ——— 112
골프에 진심이다 ——— 113
골프로 문지방 넘기 ——— 114
적당히 엎드리기 ——— 115
괜히 부리는 심통 ——— 116
근육에서 힘이 나온다 ——— 117
일단멈춤 ——— 118
공이 돈이 되는 현실 앞에서 ——— 119
숏 게임이 솟아날 구멍이지 ——— 120
엄니한테는 썩을 놈이지요 ——— 121
단거리 일방통행 길 ——— 122
이제, 어떻게 서야 할까? ——— 123
늬들이 이 맛을 알아? ——— 124

평설
골프 몰라도 쉽고 재미가 있다
쉬운 언어로 형식에 구애 받지 않은 시
이만근 ——— 125

1홀

엄지척의 유혹

허세 녀석의 일장 연설이 또 늘어진다
주말에 명문클럽에서 놀고 온 것과
한 방에 들어갈 뻔한 늘 하던 이야기들

건강에는 걷는 게 최고잖아?
운동으로는 이거야 이거 엄지척으로
이보다 좋은 게 없다는 너스레를 떤다

늙어도 할 수 있는 운동이고 재미있다
어차피 해야 할 것이라면 한 살이라도
젊을 때 빨리 시작해야 해, 따라와 봐

연습장 삼 개월 등록비를 결제하고
장비는 사서 연습하라며 빙긋 웃는다
웃음을 흘리는 의미를 그때 알았어야 했다

무조건 이기고 보는 약육강식의 세계
용궁에 간 토끼처럼 살아남아야 할까?

누군가 그랬다지
골프는 인생과 같다고….

신혼 같은 무아지경

허세가 얻어준 연습장에
연습 채와 장비들을 사 나르고
레슨프로와 함께 밀당을 시작한다

첫 삼 일은 골프공 맞추는
똑딱이 메트로놈 공놀이를 하고
이어서 시작한 스윙은 온몸이 따로 논다

알 수 없는 콩글리시 골프 전문용어와
시어머니처럼 반복되는 변덕 레슨은
새내기를 어찌할 바 모르게 한다

시간만 때우는 상투적 레슨프로보다
앞 타석 사람을 따라서 하는 것이
연애 기술 터득에 보탬이 되는 본보기다

입문 한 달 만에 모든 채로 연습을 한다
멀리 치기도 하고 똑바로 치기도 하면서
솜씨가 나아질 때쯤 삼 개월 레슨이 끝나고

거리와 방향을 한꺼번에 다 잡을 수 없으니
거리 먼저 낸 다음 방향성을 고치기로 하고
거실 천장 전등이 깨지는 무아지경에 빠진다

쩐의 전쟁은 시작되고

허세가 끌어들인 색다른 세계가 재미있다
길을 걷다가도 팔 뻗어 빈 스윙을 해보고
건널목 신호를 기다릴 때는 허리를 돌린다

당구를 처음 배울 때
천정에 빨간 공 흰 공이 굴러다닌 것처럼
백스윙 폼이 눈앞에서 아른거린다

박통은 '대가리 박고!'를 중얼거렸다는데
머리는 뭘 찾는지 왼발 앞 땅만 보고
손바닥 물집들은 마침내 굳은살이 된다

엉거주춤한 엉덩이가 실룩거리고 나면
오른쪽 사타구니 안쪽은 터질 듯 밀리고
왼쪽 다리는 마지못해 엉덩이를 끌고 간다

뒤땅만 때리던 애송이는
길에서 팔 흔드는 부끄러움을 모르고
진즉 할 걸… 후회를 샤워로 씻어낸다

맥주 한 잔으로 목마름을 달래는데
드디어 쩐의 전쟁이 시작되려는가
허세가 주말에 머리 올리러 가잔다

머리 올리던 날

허세와 친구 나 그리고 레슨프로
이렇게 네 명이 필드에서 만났다

서로 핸디 어쩌고 한참 숙덕이더니
프로님 게임 비를 대주고 필드 레슨비
이십만 원을 봉투에 넣어서 주라고 한다

난생처음 티를 꽂고 샷을 빵 날렸는데
공은 티 위에 반가사유상으로 앉아 있다
허리 굽혀 합장하고 다시 친 목탁은 데굴데굴

삼합째 겨루려는데 뒤 팀이 "화이팅!"을 외친다
어떻게 쳤는지 목탁이 통째로 비행하고
캐디는 뒤 팀에게 배꼽인사 하면서 공을 줍는다

두 번째 샷, 하고 또 하고 땅만 파다가
주워서 손에 들고 그린 앞에서 어프로치 하는데
넘어갔다 넘어오는 온탕 냉탕이라 또 줍는다

뭘 모르면 부끄러움도 모른다지
캐디가 웃으며 적어준 숫자는 백이십오였다
이백도 넘었을 걸?

유월이었지 아마….

살아만 있으면 돼

식구들 모두 한 방에서 북적이던 시절
맏이가 잘해야 아우들이 잘 살 수 있다는
아버지의 밥상머리 교육에 세뇌되었다

동생들이 밥술이라도 뜨고 살려면
장남인 너부터 정신 똑바로 차리라셔서
애써서 잘 쳤지만 찾지 못하는 공도 있다

가방 안에 올망졸망한 형제 열넷이 모여 산다
하나라도 없으면 제 몫의 잔정을 나눌 수 없고
제일 긴 장남을 애지중지 상전 대우를 한다

프로나 아마추어나 남녀노소 골퍼마다
비거리 십 미터에 목숨을 걸고 덤비지만
조금만 흔들려도 공이 어디로 튈는지 모른다

"똑바로! 머~얼~리 가라. 응?"
티 꼽고 엉덩이 흔들며 유혹하는 눈길로
온몸 비틀어 야심 찬 티샷을 날린다

엉덩이에 불붙어 미사일로 날아올라
푸른 세상 유람하는 하얀 바람둥이는
어딘가에 살아만 있으면 되는 아들이다*

*드라이버는 아들이다 : 동반자에게 들은 우스개

눈에 보이면 괜찮아

사고뭉치는 눈에 보이는 곳에 있어야 한다
있으면 귀찮고 없으면 아쉬운 방안 통수
우아한 모자를 쓴 국무총리급이다

젊어서는 지르는 맛으로 데리고 다니더니
늙어서는 마지못해 장식용으로 데리고 다니는
삼돌이와 오순이는 꿔다 놓은 보릿자루 신세다

한창때는 풀 위에 살포시 앉아 있는 공의
뒤통수를 야무지게 후려치면
맑은소리 지르며 솟구쳐 올라 날아가게 했는데

나이 들더니 잘 날고 못 나는 차이가 커서
가방에 처박혀 낮잠이나 자게 해두었다가
어쩌다 일시키면 역시 뒤땅이나 헛방을 친다

연습도 없이 필드에 나가면 상태가 심각하다
풀밭 누비는 공도 맞을 놈한데 맞으면 나은데
자다가 봉창 두드리듯 맞으면 비틀거린다

빗맞아 튕긴 공이 간 곳은 짐작조차 어렵다
어디로 튈지 종잡을 수 없는 사춘기 딸처럼
눈에 보이기만 하면* 그런대로 안심이다

*우드는 딸이다 : 동반자에게 들은 우스개

꼴머슴 아이들

항렬이 같은 대여섯 꼴머슴들
풀밭에서 십 미터 간격마다
나이가 다른 곡괭이로 땅을 판다

얼굴에 새겨진 가로 주름이
풀밭을 파고 사는 즐거움 속에도
굴곡진 사연이 많다는 것을 일러준다

얇은 날 몸매 날씬한 곡괭이는
사춘기 소년처럼 지랄 같은 성질머리로
가운데를 조금만 비켜 맞으면 엇나가고

넓적 날 몸매 풍성한 곡괭이는
성격 느긋한 하숙집 아줌마처럼
아무 데나 맞아도 웬만하면 다 받아준다

농사를 좌지우지하는 머슴들의 곡괭이질
중심에서 나오는 짜릿한 손맛에 응답하듯
공이 포물선 따라 그린으로 향한다

좌파와 우파로 갈라진 손바닥만 한 그린
곡괭이질로 살아난 공은 가는 곳이 많다
정복자의 능력은 꼴머슴 곡괭이에서 나온다

막내 여동생 닮은 심술꾸러기

무기를 손에 들고 풀밭 전투장에 나선다

기선제압용으로는 대륙간 탄도미사일이 좋고
작은 연못 정도는 대포나 곡사포가 적당하다
닌자 거북이는 소총 매고 빌딩 숲을 넘나들고
숏 다리 아이언 맨은 권총 차고 담장을 넘는다

투수가 손가락으로 다양한 구질을 구사하듯
날아가다 떠올라 핀 하이로 떨어져 멈추거나
데굴데굴 굴러서 구멍을 훑기도 하고
경사진 곳에서 뒷걸음질로 내려와 홀을 넘본다

어프로치는 프로도 뒤땅을 치거나 머리를 까
그린을 넘고 넘어 온탕 냉탕을 넘나든다

위기마다 나서서 설거지를 잘하면 사랑받고
어쩌다 실수하면 패대기치는 치욕을 견뎌내는
노인네들의 주무기로 사랑받는 납작한 막내

귀여운 막내 여동생처럼 애교스럽지만
잘 다루지 않으면 심술도 곧잘 부린다
왜지? 도대체 어떻게 다뤄야 하는 거야

잘난 척 띄우지 말고 차분하게 굴려봐

일타강사의 수익률

살아서 움직이는 것은 시작과 끝이 있다
때리면 살아나 하늘로 솟구친 공수래
땅 누비다 백발번뇌*에 빠지는 공수거
제 마음대로 되지 않는 전원생활

번뇌 통에 빠졌다 나오는 수도승의 진정한 해탈
사이비 도사가 눈치로 해탈하는 오케이나 컨시드
소리 들리기 전에 입 모양을 보고 집으로 간다

신입생은 학교가 파하면 신나듯이
어쩌다 한번 파^{par}하면 어깨를 으쓱거리고
홀마다 양파를 까면 매운 하늘이 돈다

곧음과 구부러짐을 논하지 말라
하라는 대로 등 떠밀어 굴렸는데
사고는 골퍼가 치고 욕은 퍼터가 먹는다

퍼*가 좋아야 돈을 버는 주식처럼
잘되는 날에는 대기만 해도 들어가는데
두 번 넘게 하면 주머니가 거덜이 난다

일타강사가 돈 많이 버는 이유가 있다
퍼터는 돈이다.

*백팔번뇌 : 홀 지름 108mm이다.
*퍼 : 주가가 한 주당 수익 액의 몇 배인가를 나타내는 지표.

두렵지 않다

근심덩어리
하나를
머리에 이고

우주의 인력과
지구의 중력을
받치고 버틴다

머리에 올라탄
걱정이 날아가면
즐거움이 기다릴까

인생살이 굽이마다
사라질 날 하루 없이
기다리는 근심 걱정

버거운 삶의 무게를
온몸으로 버티고
끝내 견뎌내야 하느니

그대 살아가는 일이
나보다
힘들고 무서울까

2홀

공자의 말씀

공자孔子께서 말씀하시기를
벗들과 필드에 공치러 나가거든
공손恭遜한 마음으로 공을 쳐라

건방진 공격攻擊으로 공이
공후을 갈라 날아가게 하지 않고
자연스럽고 유연하게 공존共存하면
공에 대한 공포恐怖는 없을 것이다

열여덟 개 홀을
공과功過없이 끝낼 수 없으니
공부工夫하고 연습하는 노력을
게을리 하지 않아야 한다

공이 공孔에 빨려 들어가는
공功을 많이 세워야
동반자들이 주머니 털어
공물貢物을 많이 내거든

허나 필드가 끝이 아니니
공돈은 아니라고 일러라
공도 돈도 돌고 돈다

언덕에 올라

공쳐서 먹고사는 직업 선수는
맨 뒤 까만 언덕에 진을 치고
장타가 목숨인 다짜고짜 청춘들
푸른 언덕에서 다리를 떤다

듬성듬성 백발들 하얀 언덕에 올라
한번 싱글은 영원한 싱글이라고 우기고
정열의 여인을 붉은 언덕에 세운 건
보상이 아닌 대등을 향한 배려라네

파이프 입에 문 마도로스처럼
모자챙 넘어 멀리 한번 바라봐
앞 타자 거리 났다고 쫄면 안돼
첫 끗발 개 끗발이 한두 번이더냐

뒤땅에 오비 없고
토핑도 갈 만큼은 다 가더라
좌파 우파 휩쓸리지 말고
중도의 길을 모색해 봐

오솔길 따라 풀밭 거닐어
임도 보고 뽕도 따러 어서 가자

공평과 공정의 사이에서

깃발 아래 배꼽 찾아가는
기회는 공평하게 주어진다

갈 곳은 정해져 있고
가는 길도 열려 있어
앞이 훤히 보여도
제대로 찾아가기 어려운데

앞날을 알 수 없는 인생을
살아내기가 그리 쉽겠는가
마음대로 살 수는 있다지만
결과에 책임을 져야 한다

황금빛 채를 들고 걸어도
빛바랜 채를 들고 걸어도
초보는 무작정 처러 덤비고
고수는 가는 방법을 궁리하지

"오늘 이상한데…"
탄탄대로 넘보는 부러운 눈으로
갸웃거리는 불공정

닭장프로*는 오늘도 백돌이다

*닭장프로 : 연습장에서는 프로급

길목 지키는 어깨처럼

여인의 향긋한 풀내음 맡고픈데
아닌 밤중에 홍두깨라더니
떡 진 모래 내음을 지겹게 맡는다

하던 대로 편하게 툭 때려주면 될 것을
'저기 모래에 빠지면 어쩌나.'
머릿속 걱정을 왜 하느냐고!

새 풀 옷* 여인에게 안기면 서로 좋은데
개떡처럼 밟힌 발자국에 하얀 몸뚱어리
묻히게 해놓고 애먼 채는 왜 내려찍는지

닥치고 살아나라고 채질하지 마오
계획을 세우라는 부모님 말씀을 기억하고
도전과 회피를 결정하면 거기에 따르리다

코스는 문제 출제자의 의도를 알아야 해
시험에 빠지지 말고 걱정할 필요도 없어
도전하다가 빠뜨린 것이면 후회하지 말고
모래 때리는 요령 터득해서 다시 도전하소

가끔은 죽으러 물로 들어가려는 공을
붙잡아 주는 착한 일을 할 때도 있지

*이은상 시인의 〈봄처녀〉 중에서

내 안에 네가 너무 많아서

내 안에 너 있다*
꿈과 희망, 핸디와 상금, 욕심 따위들
품어 안은 가슴이 시퍼렇게 녹슬었다

떨치지 못한 무의식
이끌림에 뛰어 들어온
무너진 사랑탑들

부탁하노니
청춘이 아니더라도
푸르른 세상을 그려보시게

풀들이 먹고 살 생명수를
더럽히지 말아 주시게

보기만 하면 빠지는 공포는
물이 아니고 눈이 만들지
세게 때려 넘기려 하지 말고
천천히 살살 쳐서 넘어가시게

하얗게 솟는 분수 구경하며
좋은 날들 가볍게 즐기다가
꽁꽁 얼거든 그때는 와도 좋네

*드라마 〈파리의 연인〉 중의 대사

프로젝트 끝자락

골프 코스는 살면서 거치는 여정처럼
집 나선 공이 쉴 구멍을 찾는 과정이고
프로젝트 하나가 끝나면 평가를 받는다

길고 짧은 삶의 과정마다 희망으로 시작하고
갖은 시련을 견디며 목표 지점에 다 달아도
과정의 끝자락에서 기다리는 백팔번뇌

시작이 있으면 끝이 있는 세상사
객지에 살아도 귀향을 꿈꾸는 것처럼
공이 돌아가 쉬려고 꿈꾸는 그린은

거칠고 험한 길을 헤치고 도달한 공을
뜨내기 대하듯 구겨진 얼굴로 맞이하고
오르면 짧고 내려가면 길어 애간장을 녹인다

어쩌다 멀리서 넘어와 엄마 품에 안기듯
물방울로 똑 떨어지던 날의 희열 하나로
그간의 가슴 졸이던 실수를 용서받는다

부처님 손바닥을 돌고 도는 손오공처럼
한고비 넘고 나면 기다리는 다음 봉우리
삼장법사 합장으로 구름을 부른다.

첫술에 배부르랴

첫사랑이 시작되었는데
마음만 들뜰 뿐, 그다음을
어떻게 해야 하는지 모른다

일찍 눈뜬 애들이 하는
곁에서 보고 들은 이야기가
하나도 떠오르지 않는다

도무지 갈피를 잡을 수 없고
그녀가 좋아하는 것을 몰라서
무작정 앞만 보고 걷는다

그녀도 말없이 따라오고
주머니에서 땀 흘리는
손을 말리려고 꺼내는데

부드러운 감촉이 스친다
벌겋게 달아오른 얼굴은 앞만 보고
손은 무언가를 더듬거려 잡는다

히죽 웃으며 첫 삽은 떴는데
첫술에 배가 부르겠는가?
집중을 못 한 탓이다

주문을 외우자

사람이 하는 일이란
때로는 넘치는가 하면
힘껏 해도 모자라기도 한다

파 온이 아닌 그린 오르기는
연인들 밀당처럼 간단치 않다

사랑하는 마음을 전달하는데
오늘은 넘치고 내일은 모자라
덜어내고 보태서 다시 보내고
받아주면 사랑은 공체에 들기 쉽다

알아도 다 잘할 수는 없으니
한 번에 사랑을 얻기란 무척 어려워
인디언 기우제 지내듯 연습한다

여자는 자식은 잘난 것만 보면서
남자는 못난 것만 보이는가 봐
연인일 때는 좋아라 잘 받아주더니
살면 살수록 거부하기 일쑤다

양탄자에 올라타고 주문을 외우자
"라아날, 자탄양!"

놀부네 화초장

흥부네 집에서는
재물이 끝없이 나오고
백돌이 손에서는
헛손질이 끝없이 나온다

놀부의 심술보가
아무리 크다고 한들
퍼터의 심술보만 할까

사람들은 넣으려고 애쓰는데
홀을 보면 부끄러운지
올라가다 말고 내려오게 하고
내려가면 밖으로 밀려나게 한다

어쩌다 서너 번 돌고 난 공이
구덩이에 들어가면 부끄러운 듯
모자를 뒤집어쓰고 가방에 숨는다

지친 몸 쉴 곳을 찾는데
구덩이에 밀어 넣고 좋아하는
심술쟁이들이 왜 그렇게 많은지

퍼터를 놀부가 만들었을까?

황산벌 전투

황산벌의 연전연승
계백장군*이 풀밭에서는
새내기의 대명사라네

자식을 제물 삼는 비정한 아비
품일의 계략임을 알면서도
어린 관창의 희생을 거두어 준

계백의 휘하를 거치지 않고서는
진정한 전사로 거듭날 수 없으니
계속 백 개 넘는 타수를 기록하는
골린이의 피치 못할 운명임을 어쩌랴

어린 목숨을 제물 삼아
야욕을 불태워 주머니 채우는
야비한 타짜들의 눈앞에서
관창처럼 당연한 듯 스러져도
자존自存의 자세로 전장戰場에 나서리라

계백장군을 거치는 과정은
깨트리기 위해서 있는 것
싱글로 가는 견딤일 터이니

*계백장군 : 계속 백 개 치는 초보 골퍼

3홀

줄탁동시㗪啄同時로 에이지 슈트

병아리가 안에서 쫌과 동시에
어미 닭이 밖에서 쪼아주면
껍질을 깨고 나오기가 수월하다

문득 백 타를 깨던 날은
장가든 그날처럼 기뻤구나
비로소 핸디 받을 자격을 얻었다

독학과 코칭으로 징검다리 건넌
늘그막 등단 시인이 그렇듯이
잘하려는 고민도 따라서 늘어나고

설익은 시 퇴고를 거듭하는 것처럼
불철주야 연습을 하고 또 해도
필드에 나가면 맨날 그게 그건데

연습 한번 할 수 없고
고쳐서 다시 살 수도 없는 인생은
백 년을 살아야 겨우 깨백인 것을

골프는 인생이고
인생은 골프와 같은 것이라니
에이지 슈트*를 함이 어떻겠는가?

*age shoot : 골프 경기에서 한 라운드를 자신의 나이와
같거나 나이보다 적은 스코어로 마치는 것

스트로크부터 후세인까지

〈스트로크〉
실력 차이가 있을 때 핸디(핸디캡)를 적용한다
매홀 결과 타수가 적은 사람이 많은 사람에게서
타수 차이에 타당 금액을 곱해서 받는다

〈스킨스〉
핸디에 따라 일정 금액을 내고 18로 나누어
매홀 가장 적은 타수를 기록한 사람이 홀 상금을
가져가고 동타가 나오면 다음 홀로 넘긴다

돈을 일정액 이상 딴 사람이 토해내는 OECD는
한 홀에서 두 번만 적용한다

〈라스베가스〉
1등과 4등, 2등과 3등이 팀이 되어 각자
타수를 합하여 타수가 낮은 팀이 상금을 가져간다

〈후세인〉
등수를 지정하여 후세인이 된 사람의 타수에
곱하기 3을 하고, 세 명의 타수를 더한 값과
비교해서 낮은 팀이 상금을 갖는데 잘 안 한다

맞장 뜨는 〈스크래치〉가 가장 짜릿하다.

너만 모르고 다 알아

K는 언제나 질러가는 코스를 선택한다
이번에도 주 무기인 페이드를 건듯한데
오비 방향으로 향하는 슬라이스 구질이다

표정을 읽을 수 없는 고수의 포스를 풍기며
세컨 샷 지점에 이르러 고독한 하이에나처럼
캐디에게 공 찾으러 같이 가줄 것을 청한다

K와 캐디는 언덕 아래로 내려가고
우리는 수를 세지. 하나, 두울, 세엣! 찾았다!

K가 캐디에게 묻기를
"거기가 오비 라인 안이야 밖이야?"
"안쪽이었어요~회원님!" 헤실헤실 웃는다

"그래~~ 알았어! 그냥 거기서 쳐"
우리는 다 아는데 저만 모른다
다 안다는 걸 알면서 모른 척했는지도

K는 실력이 출중하고 내기를 즐기며
게임에서 이기는 것보다 핸디를 목숨처럼
지키는 자존심이 엄청 강한 사내다

삶도 질러서 가 버린 K의 명복을 빈다.

보기만 해도 즐거운

봄에는
돋아나는 새싹을 보기

여름에는
헤엄치는 여인을 보기

가을에는
추수하는 농부를 보기

겨울에는
흩날리는 눈을 보기

낮에는
뜨고 지는 해를 보기

밤에는
반짝이는 별을 보기

그대가 꽃이라서
보기만 해도 좋다

끝까지 보기만 하면
괜히 욕먹는다

보기만 한 건 아닐 텐데?
홀이 흘겨보고 있다

공수래공수거는 팔자소관

맨날 보기만 하다가
드디어 선을 넘어 팔자를 폈어도
좀처럼 나아지지 않고
거기서 오르내리는 시소 타기를 한다

골퍼는 백에서 칠십으로 내려가려 애쓰고
나이는 육십 지나면 백으로 저절로 오른다
서로 팔십 중반에서 만나 머물면 황금지대다
공치면서 그보다 더 좋을 일은 없다

백 점 못 받아 오면 엄마에게 혼나고
일등 아니면 못사는 줄 알던 책상물림이
인생살이는 팔자로도 충분하다는 것을
잔디밭에서 놀면서 그제야 배운다

공부 잘하고 공까지 잘 치면 반칙이지
아우디* 타고 올림픽* 나가면서
머리는 모자만 쓰는 게 아니라는 것을
알게 되는 꼴찌들의 반란

머리를 비우고 팔십오 거기 어디쯤에서
공수래空手來 공수거空手去* 하면 즐겁지 아니한가?

*아우디 : 연속 파 4개 OOOO
*올림픽 : 연속 파 5개 OOOOO
*공수래 공수거 : 공짜로 공치고 가기

뭐시 중헌디…

예전에는 시작하기 전에 핸디를 물었다
"핸디가 몇이야?" "열둘"
72+12=84라는 답을 찾는 간단한 산수를 했다

요즘은 핸디 대신 라베를 묻는다
"라베가…?" "76"
즉문즉답이다

핸디는 직전 10경기의 스코어
평균값으로 산출한 자연과 선수의
변수가 반영된 실제 실력이다

라베는 최고로 잘 친
최저 타 수를 말하는 것으로
실제 실력을 가늠할 수 없다

과정은 제쳐 두고
결과에만 의미를 두는 시대의 산물인가
다람쥐 쳇바퀴 도는

인생살이 전용 필드에서도
핸디를 모르는 라베들이 도토리 키를 잰다

공치고 사는데 뭐시 중헌디….

허울의 그림자, 외로움을 알까

스토커처럼 따라다니던 개 딱지 떨쳐내니
세상의 모든 짐을 벗은 듯이 홀가분하다

가벼운 몸으로 거칠 것 없이 쏘다니다가
문득 짝 잃은 비둘기 같은 외로움에 젖는다

애들이 같이 놀지 않으려고 이리저리 피하며
비 맞은 중이 된다. 인간성이 어떻다나…

저 혼자 우쭐거리던 웃음이 싹 사라지고
혼밥의 쓸쓸함을 깨닫게 하는 썩소의 저주

미끼가 없으면 갈치가 꼬이지 않는다는 걸
먼 바다로 나간 낚시꾼은 언제 알았을까?

혼자서 즐기던 선배들이 어쩐지
잠깐 즐기고 나서 금새 때려치우더라니

머리에 쓴 모자가 왕관일지라도 벗자
배가 부르니까 머리가 안 돌아간 거야

오래 하지도 못할 걸 오래 하면 안되지?
이기고 지면서 어울렁더울렁 얽혀서 즐기자

싱글의 외로움을 알면 돈도 싫어진다
개싱글* 친구야 그렇지?

*개싱글 : 70타 대가 아닌 80타, 81타 싱글

독수리 창공을 날다

하늘에 떠서 선회하다가
무서운 속도로 내려와 꽂힌다

땅을 박차고 오르는 경쾌한
따귀 치는 소리는 무엇을 노리는가
가려운 곳을 맞았는지
감사한 듯 경쾌하게 날아오른다

때린 것이라기보다는
힘들이지 않고 휘두른 것이
정통과 정통이 부딪힌 시너지 효과
하늘 위에서 깃발을 찾고

깃발 아래 숨은 먹이
기가 막힌 듯 떡 벌어진 입에
마이클 조던처럼
덩크슛을 내리꽂는다

독수리 하늘을 날듯
손이 따라 오르고
채가 하늘을 날고
이글도 하늘을 난다

오늘만 그럴까?

왜 이러는지 모르겠다고 한다
기쁨과 보상이 따르는 성공은
내가 잘했기 때문이라고 하면서

실패를 한 이유는 수백 가지를 댄다
전날 잠을 제대로 못 잤고
연습을 너무 많이 했고
술은 또 왜 먹었을까

신호등은 왜 그렇게 자주 끊어지고
어디들 가는지 고속도로가 아니었네
모두가 남 탓이고 거기에 내 탓은 없다

양심을 기본 매너로 장착한 신사는
거짓말을 할 수도, 해서도 안 된다

한세상 살면서 누구나
성공도 하고 실수도 한다

뜻대로 안 되는 날
핑계 댈 거리가 없어서 민망할 때
준비된 최후의 독백을 하지

오늘 왜 이러지???

고리대금 사채

공평과 공정은 처음부터 불가능한 일이다
공평하지도 공정하지도 않게 시작하는 게임

아들 못 낳으면 소박맞던 시절의 아들과
딸 덕에 해외여행 다니는 시절의 아들이
글자만 같고 사는 모양은 전혀 다르듯이

일찌감치 시작한 너하고
뒤늦게 바람나서 시작한 나하고

툭 대기만 하면 공이 날아가는
황금빛 나는 채를 가진 너하고

있는 힘 다해서 휘둘러도
공이 가다 마는 채를 가진 나하고

애초부터 공평과 공정은 이상理想일 뿐이고
강자가 약자를 달래는 사탕발림일 테지

겉으로 보기에는 인심을 쓰는 제도이고
공평하게 시작하자는 고수의 희생 같아도

하수는 잔디에서 핸디가 튀어나와
세 홀을 버티지 못하고 도루묵이 된다

고수와 하수 사이 핸디는 고리대금 사채다

4홀

주사파*, 성화가 났구나

모진 풍상을 겪은 하얀 구름이
하늘 뜻을 좇느라 신발이 닳는다

칠십 줄에 들어서니
세파世波의 인과因果를 알 듯하고

백구白球 울부짖는 소리를 알아듣는
득음의 경지가 어렴풋이 보인다

바람 따르는 풀 결의 이치를 알아
동지애 저버리지 못하고 따르니

산간벽지 오지면 어떻고
장대비 쏟고 눈보라 친들 망설일까

새벽 찬바람 맞으며
풀밭 누비는 공의 노예들

어쩌다 도달한 칠자七字 고개를
다시 넘어가지 않으려고

일주일에 네 번씩 전장에 나서는

칠구七九는 진지해도 보기엔 웃프다

길지 않은 인생길 아침에 술 깨듯

구렁이 담 넘어가면 어쩌려고

*주사파 : '싱글'을 유지하려면 최소한 일주일에 4번은
필드에 나가야 한다.

집사람 유혹한 죗값

신문과 방송에서 요란하게 떠든다
공치러 다니면 바람이 난다던가…

어느 시대 어디엔들 운우지정이 없을까
몰래 하는 사랑도 있고 싸구려 사랑도 있지
뉴스를 보다가 은근슬쩍 째려보는 게 싫어서
집사람 손에 골프채를 슬쩍 쥐어주었다

몇 번 해보더니 재미있다며 따라나서고
풀밭에서 노는 가난한 아저씨들의 세계는
뉴스의 졸부들과는 사뭇 다름을 본다

집사람 유혹한 죄 값이 비싸다

한 달에 한 번이라도 잔디를 밟게 하려니
담배 끊고 술도 끊어 아껴서 모은 세비가
유권자 관리에 다 들어가고 남는 게 없다

아내에서 골친으로 변신해 가지만
어차피 우리는 동반자
어우동일세

손오공이 삼장법사 앞 산봉우리를 넘는다
저팔계와 사오정은 어디서 만나려나

미련 곰탱이는 등짐이 무겁다

버리자 버리자 이제는 버리자
버려야 한다는 다짐만 수북하다

꼭 필요하다고 산 다기능 손가방
언제 산 건지도 모르는 텐트 하며
등산배낭 오리털 파카 구두 운동화

날 잡아 꺼내 놓고 보니 심란하다
이거 비싼 건데, 안 돼 이건 쓸 거야
두어 개 버리고 말짱 도루묵

3번 우드, 4번 아이언, 용도별 웨지 3개
담겨는 있는데 사용한 기억이 나지 않는다
반드시 필요할 거라던 맞을 리 없는 예감

미련이라고 꾸짖지만 첫사랑 같은 추억이다

물론 미련한 곰탱이 짓 같은 미련이지
이제 와서 어쩌자는 것이 아니니까

이젠 정말로 버릴까?
꺼내서 만지작거리다
잘 닦아서 다시 넣어둔다

꼬깃꼬깃한 사진 한 장처럼….

신이 되고픈 인간의 잔혹사

때리고 굴려서 구멍에 밀어 넣는
살려서 죽이기를 18번 거듭한다

좋은 사람 만나서
깨끗한 몸으로 잠들기는
어쩌다 한 번이고

부딪히고 긁혀서
만신창이 몸이 되거나

풀숲에서 밤이슬에 젖거나
더럽고 어두운 물속으로
곤두박질치거나

거친 모래밭에 박히는
동네북이 되는 게 다반사다

일흔두 번에 마치면 파하는 일생을
팔십여 번 몸부림으로 끝내고
신의 도구를 챙기는 오잘공*의 주인

인간은 공을 살리고 죽이는 놀이로
태연하게 신의 역할을 해보는 것인가?

구멍에 담기는 일생은 마찬가진데.

*오잘공 : 오늘 제일 잘 맞은 공

실수가 우성인가 봐

짧으면 세 번,
길면 다섯 번인데
실수는 그림자 같아서
일어날 확률이 성공보다 더 높아

그렇담 실수가 우성優性인 거지
성공이 기쁜 이유가 바로 그거였어

실수는 그걸로 끝은 아니더라고
만회할 기회가 반드시 있었어

그걸 모르고 지나친 거지
꼭짓점에서 뒤돌아보게 되나 봐

뒤돌아보지 않으면 모를 거야
그때가 그때라는 걸

돌아갈 수 없는 것이 문제가 아니라
돌아가면 지금이 지금이 아니라는 거지

언감생심 다 파라니
까짓것 한 번 더하고 보기면 어때

보기만 해도
잔디밭 세상이 이토록 아름다운데

산수가 제일 어려웠음을

하수가 셈이 틀리는 것은
속이는 것이라기보다는
모름과 착각, 둘 중의 하나다

오케이*는 친 것이 아니어서,
동반자가 찾아서 던져 준 것**은
규칙을 몰라서, 타수로 안센다

하수는 알쏭달쏭한 셈법을 익히랴
누구에게 얼마를 줘야 하는지 셈하랴
산수 하느라 머리에 쥐가 난다

파 4홀, 오비 내고 세컨, 어프로치로 올려
퍼팅 두 번에 안 들어가 오케이 받으면
아무리 세 봐도 트리플인데

양파라고? 거기에다 양파 배판이라고?
트리플이지 왜 양파야? 그리고
배판이 뭐냐고, 그러면 다 얼만데?

셋 다 파. 삼사, 십이… 머리가 뱅뱅 돈다

*한 번 더치면 들어간다고 인정하는 것으로 1타다.
**찾아서 페어웨이로 던져 주면 벌타 1타 더해야 한다.

가지 많은 나무 바람 잘 날 없고

출발선에서 그린이 보이는 홀이거나
보이지 않는 블라인드 홀이거나
산 공이 죽으러 가기가 간단치 않다

직선인 것 같은데 평지는 아니다
때로는 돌아가고 건너가고
기울어진 운동장, 꺾은선 그래프처럼

자존심 버리고 잘라 가자는 마음과
그냥 지르자는 오기 사이에서
또, 얼마나 세게, 어느 방향으로 보낼까
좌우 장단 강약 고저, 쉴 틈이 없는 고뇌

부모님은 부자가 아니고
나는 배움이 많지 않고
의리파 친구, 부잣집 아들이 없고
예쁘고 돈 잘 버는, 애인도 없다

온몸으로 세상과 부딪히며
문이 열릴 때까지 두드려서 들어간
바늘구멍은 무릉도원이 아니어서

만사에 적응하며 늙어가는 고통의 연속

세상천지 어디에도 굴곡 없는 홀은 없다
18홀 코스마다 뚫린 108밀리 구멍
고비를 지날 때마다 빠지는 108 번뇌

나는 공을 치고 세상은 나를 치고

뒷땅에 오비는 없다지만

같은 일을 반복하면 달인이 된다
몸으로 동작을 기억하고
머리로 좀 더 나은 방법을 찾아서

단점을 없애고 장점을 키우고
완성도 높은 생산을 늘려서
많은 이익을 얻는다

같은 생각을 파고들어 달관 한다
뇌가 이전 생각을 기억하고
다른 생각을 찾아가 연결한다

대파 다듬듯 부조리를 벗겨내고
새롭고 경이롭게 조리를 만들어
나를 키우고 세상을 변화시킨다

쉬었다 다시 하려니 엘보가 온다
뒷땅을 치느라 팔꿈치가 아프고
후회하느라 머리가 아프다

쉬는 게 약이란다.

총천연색 꿈을 꾼다

부인의 손을 붙잡고 들어온
검은 선글라스를 낀 남자가
일인용 타석으로 들어선다

몇 번의 빈 스윙으로
티의 위치를 가늠하고
공 나오는 소리를 듣는다

부인이 거리를 불러주고
그가 호흡을 가다듬어 치는
샷을 하는 폼이 자연스럽다

티샷부터 퍼팅까지의 풀코스를
계단 오르듯 차근차근 거치며
천막이 튕기는 노랫가락을 즐긴다

어프로치 성공 기계음 홀인원!
남자의 천진한 웃음이 울어 울어
하얀 꿈이 창공으로 날아오른다

스크린 천막은 퍽퍽 우는데

하우 두 유 두

그는 곱게 나이 들어가는 인텔리겐자다
미모와 고운 성품의 부인 앞에서 작아져
외로워할 거라면서 따라다니는 몸치 영감

세컨 샷을 하려다 말고 내게 묻는다
"아이언은 어떻게 치는 거야?"

치는 방법을 모르겠다고
생각이 전혀 나지 않는다고 한다

시를 쓰다가
숨이 멎은 듯 생각이 멈추고
단어도 뜻도 사라지고
멍한 하늘만 쳐다보고 있는 것처럼

지금 어디에 와 있고
이제 무얼 해야 하지

How do you do* 농담을 듣고
한참 뒤에 혼자 빙긋 웃은 것처럼
세상이 일시에 멈추고 나를 본다

How do you do?

*How do you do : 너 하는 그거, 어떻게 해?(콩글리시 : 농담)

5홀

헌 공이 말하길

십팔번 홀을 마치고
헌 공을 정성스레 닦는다

엉겁결에 생겨나
태어날 때는 비록 울었지만
신나게 뛰놀며 자라고

열심히 한 공부 덕분에
자리 잡고 돈 벌어서
조그만 집 마련하고

고운 이와 혼인하여
토끼 같은 자식 낳아
정성 다해 키워내고

겨우 편히 살만해지면
늙고 기력이 쇠하여
온갖 병마에 시달리다가

요양원 외딴 그린에서
깊은숨 똑 떨어트리면
홀 닮은 항아리에 든다데

다음 게임엔 새 공 써야지….

친구 따라 강남 가기

핸드폰에 그 녀석 이름이 뜨면
열까지 세고 받는다

"저녁에 술 한 잔 할래?"
들러리 서러 나오라는 말이고

"밥 살게 나와라!"
듣기 싫은 자랑질하려는 것이고

"바다나 보러 가자~!"
술 안 먹으니까 운전하라는 것이고

한 말 또 하고 횡설수설하면
돈 빌려 달라는 말이다

그게 다는 아니고
가끔은 인심을 쓰기도 한다

"야!~ 공치러 나와라!"
땜빵 좀 해달라는 말이다

알면서 왜 나가냐고?
그러게 말입니다….

민어 매운탕의 전설

백돌이 시절 족보상 아저씨뻘인 분과
동네 민어 전문 식당에서 만났다

민어회 다 먹고, 전도 다 먹고
매운탕 나오기를 기다리는 사이
아저씨의 너털웃음이 먼저 나온다

허허~ 자네만큼 젊었을 때 말이지
아! 글쎄~ 언 백돌이란 눔이 말이여
약속을 떡하니 해놓고 선 안 나왔어!

부모님 초상만 아니면 지키는 게
골프 약속인데, 싸가지 없이 말이여!
어허허~~ 매운탕이 나왔네, 먹자고~

달포 전 새벽 라운딩에 초대 받았는데
영하로 꽁꽁 언 새벽이라, 이런 날은
안칠 테지 하는 생각으로 나가지 않았다

약속은, 했으면 무조건 지키는 것을 배워
그날 이후로는 초대자가 취소하지 않으면
비를 맞으며, 눈을 맞으며 필드로 나간다

멋모른 매운탕에 땀을 **뻘뻘** 흘렸다

누구나 기회는 있다

어림잡아 백육십 미터 정도
키 높이가 아니라
드라이버 비거리다

훗!~ 잘해야 보기하겠네
언뜻 얕보는 마음이
스스로 무덤을 판다

그린 아래 삼십 미터에서
툭 친 공이 홀로 들어가고
"버디~"를 외친다

그럴 리가?
드라이버, 우드, 어프로치
하나, 둘, 셋, 세어 보니 맞다

거리가 짧은 대신 샷에 집중한 거지
도깨비방망이로 친 것이 아니다

상대를 얕보면 집중력이 떨어져
속으로 비웃은 값을 치르게 된다

기회는 누구에게나 같이 주어진다
드라이버는 단지 쇼일 뿐이다

진물 말리는 남자

해외에서 하는 부부 한 달 살이는
탈출과 휴식과 보상이면서
나를 돌아보는 성찰의 시간이다

골프할 때가 가장 좋다는 부인을
늪 같은 일상에서 건져내 주려는
남자의 끝없는 헌신과 노력을 본다

저녁 식사 시간에 눈이 마주치고
내일 추첨 시간표에 우리 방 번호와
그 부부의 방 번호를 나란히 적는다

부인은 치다가 숙소로 들어가고
더 치면 안 되는 사정을 말하는
남자의 마음을 다 알 수는 없다

내년 봄에도 일정이 겹치면 좋겠다는
남자의 웃는 얼굴에 숨은 그림자
눈으로는 찾을 수 없다

진물 말리는 남자 마음은 사랑일 거다

톰과 제리의 공놀이

일흔아홉 톰은 호남 출신이고
일흔다섯 제리는 영남 출신으로
외국으로 공치러 나가서 만났다

톰은 부인이 먼저 귀국해 버렸고
제리는 처음부터 혼자 와서 즐기는
싱글의 시니어들이다

톰은 이런저런 인생 강의가 끝이 없고
제리는 듣는 둥 마는 둥 웃지도 않고
공만 보고 언덕으로 연못으로 쏘다닌다

톰은 그런 제리를 큰소리로 놀린다
제리야!~ 자네가 젤이여!~

톰은 자란 동네 말과 억양을 쓰고
제리는 억양만 빼면 서울 사람이다

제리는 톰의 말을 다 알아듣지 못해도
조인하려면 낮에는 붙어 다녀야 한다

잃어버린 공을 서로 팔고 또 사는….

재수가 일으킨 재수

재수는 티샷 하러 올라가서
번쩍 쳐놓고 쳐다보지도 않는
이변을 일삼는 괴짜, 동갑 친구다

파 파이브 도그렉 홀, 티샷한 공이
카트 도로 맞고 튀어 데굴데굴 굴러
그린 앞 벙커에 빠진다

한 사발 들이켠 막걸리 힘으로
샌드웨지 휘둘러 탑핑난 공이
홀로 굴러 들어가니 알바트로스다

나는 오비 나서 세븐 온 쓰리 퍼터
5 더하기 3. 8타 차, 자동 배판
축하금 10만 원 더해서 18만 원
알바트로스(-3) 얻어맞고 돈도 잃고
또, 패도 해줘야 하고, 이런 된장~
야!~ 쓰바… 못 줘!~

한 번쯤 재수있기를 바라는 요양살이
이번에도 잘 통할 모양이라면서
껄껄대는 큰 소리는 여전하다

잃은 돈 돌려받아야 하는데
재수가 없으니 깎는 재미도 없네….

아! 이러니

십팔 계단마다 108번뇌 찾는 놀이
공이 없으면 그냥 18이고
가운데에 공이 있으면 108

공이 많으면 돈을 많이 들인 고수
공이 적으면 지갑이 비는 하수
역설적인 상관관계지

인체 역학으로 풀어내는 자질은
학교 공부와는 무관하고
오로지 감각과 연습으로 키운다

성질 급한 사람은 일이 잘 꼬이고
차분하게 한 걸음씩 다가가면
그런대로 잘 풀려 가더군

먼 옛날 최초의 양치기 목동들은
이런 초 고단수 숫자 관계를
어떻게 알았을까

무료한 목동은 그냥 한 것이었을 테지만
숨어있는 시어처럼 신비롭고 영악하다
공치기는 풀면서 놀아야 할 영원한 숙제

기쁨은 짧고 근심은 길고

이주 일 후의 예약을 신청하고
당첨되었다는 연락이 오면
탄성이 저절로 터진다. "앗싸!~"

부부가 같이 운동하는 사람들이나
동반자가 없는 사람들이 이용하는
홈페이지 조인 게시판을 응시한다

오랜만의 당첨을 바로 올리기 아까워
일단 이틀을 묵히고 사흘째 되는 날에
초대 글을 조인 게시판에 올린다

댓글 단 분을 카톡 친구로 추가해서
프로필에 얼굴 사진이 없으면 제외하고
다정한 부부 모습이 보이면 선택한다

초대 문자를 보내놓고 기다리는데
바로 답장이 오지 않거나
기뻐하지 않으면 왠지 섭섭하다

사흘의 기쁨은 그렇게 끝나버리고
이제는 열흘의 근심이 시작된다
잘 치는 분들일까? 비가 와도 나올까?

부인 덕으로 사는 남자

부부 동반으로 여행을 같이 온
일행이 첫날 한번 같이 치더니
다른 골프장으로 옮겨 가버리고

추첨해 둔 시간에 조인해 들어갔는데
정작 추첨한 당사자가 안 나오면
동네방네 소문이 다 퍼진 거다

남이 알고 자기 부인도 아는
같이 치려고 하지 않는 이유를
본인도 알지만 모른 척하는 걸까

동반자를 배려하고 양보하는
기본적 예의를 지키지 않으면서
아무나 다 가르치려고 덤비고

뒤 팀이 빨리 가라고 소리쳐도
앞의 두세 홀이 비거나 말거나
기어코 자기 할 것을 다 한다

그렇게라도 살아있어 줘서 고맙고
부끄러움은 내 몫이라는 부인을
외면하지 못하고 조인 나가는 새벽

6홀

쉬운 길은 재미 없지

인간이 만드는 놀이터는
자연을 모방한 창작물이다

평탄하고 넓은 들 좌우로
키 큰 나무로 경계를 짓고

평균적 공 낙하지점에
연못과 모래밭을 만들고

산비탈 경사와 낭떠러지
민낯 바위와 돌은 그대로 둔다

평지, 골짜기, 연못 건너편으로
언덕 아래로, 바닷가 절벽 위로

상황판단 능력, 전략과 지혜
인내와 뚝심을 시험하는 설계자

하라는 대로 할 텐가
어깃장으로 질러갈 텐가

신이 설계한 인생살이도
고난도^{高度難} 회피와 탈출의 연속

인생도 자연의 일부라는 가르침
쉽게 가면 재미없잖아?

필사와 필드의 사냥은 동격이다

젊은 프로의 연습장 레슨이나
필드에서 직접 가르침을 거부한다

능력을 벗어나서 할 수 없는 샷
가르침대로 꼬임과 버팀이 안되고
멋진 폼이 만들어지지 않는 몸이다

그렇다고 그만둘 수는 없는 노릇이라

비슷한 또래가 잘하는 것을 보면
슬그머니 한번 따라서 해보고
나에게도 잘 맞으면 적용한다

남의 것을 자양분 삼아서
고수의 경지에 오르려는 곁눈질
따라쟁이의 성취 욕구는 무죄다

뱁새는 그 짧은 다리로
황새걸음 할 수는 없지만
의젓과 우아를 배울 수는 있지

아마, 사는 것도 그런 걸 거야

눈총 맞은 까닭은

동네마다 있는 닭장에 사는
텃새가 먹잇감을 찾는다

일찌감치 좋은 자리 차지하고
철새가 날아오기를 기다린다

이사 와서 두리번거리는
의젓한 병아리가 나타난다

곱게 치장한 새가 멀리서
가벼운 목례를 건넨다

쉬고 싶은 적당한 시간에
믹스 커피를 슬쩍 놓고 간다

동갑 같은데 친구들 불러서
짝맞춤으로 놀자고 말을 건다

새들끼리도 불문율이 있는지
먼저 새가 실패해야 딴 새가 온다

똬리 튼 텃새들이 사라져 버리고
자리도 비었는데 뒤통수가 따갑다

"여보, 오늘 공 잘 맞아?"
아내에게 한번 물어본 게 전부였다

때가 되면 투표하는 것처럼

사람이 한세상 살아가려면
필요하거나 갖추어야 할 것들이 있듯이
골프채에도 필요충분조건이 있다

일반적으로는 제조사가 기준대로
똑같이 생산한 제품을 사용하는데
신체 조건이나 스타일 등이 다른 사람들이
규격화된 골프채에 맞추는 것이다

골프채를 구성하는 샤프트, 헤드, 그립의
샤프트의 길이, 무게, 강도, 휨 포인트 등과
헤드의 무게, 로프트, 라이 등의 각도
그리고 그립의 종류 등을
사용자 조건이나 수준에 맞추는 피팅을 하면
비거리나 진행 방향 등이 확연히 달라지고
그 이전보다 쉽게 목표에 도달할 수가 있다

즉, 골프채를 사람에게 맞추는 것인데
조건이 바뀌면 거기에 맞도록 다시 피팅해야 한다
창작도 이와 같아서 작가와 작품도 개성이 필요하다

한 번밖에 없는 인생은, 변화가 곧 피팅이 아닐까?

다른데 같은 말

태어나서 죽을 때까지
배우거나 가르친다

공치기 가르쳐서 밥벌이하는
코칭 프로는 다양하게 말한다
A에게 하는 말, B에게 하는 말
어제 말과 오늘 말이 다르다

익숙해지고 어느 정도 알고 나면
같은 것을 다르게 표현한다는 것
말은 달라도 목적은 같음을 안다

유능한 코치란 특별한 사람이 아니라
몸집과 나이가 비슷해야 한다
몸통을 꼬라는데 통째로 움직이고
가르침을 따라 할 수가 없다

사는 방법이나 공치는 방법을
터득하는 데에 시간이 걸리고
긴 코칭의 결론은 항상 같다
"그렇지~이!!!"

그래야 손님이 또 온다.

JP의 산수 혁명

본인이 친 타수를
스코어카드에 적어서 내야 한다

1번 홀부터 18번 홀까지의
정해진 기준 타수는 인쇄돼 있고
실제로 친 타수를 빈칸에 적는다

총 타수의 산출은 홀마다 기록된
숫자를 전부 더하는 산수가 기본인데
골프매니아 JP는 또 혁명을 한다

덜 쳤거나 더 친 타수
숫자만 써서 산수 하기 쉽게 했다

파는 0, 보기 1, 더블 2, 트리플 3
버디 -1, 이글 -2, 알바트로스 -3

고정된 72에 빈칸의 수를 더해서 합하면
홀마다 친 타수를 모두 더한 값과 같은데

김종필金鍾泌*을 JP로 줄여서 부르는 것처럼

큰 수보다 작은 수가 셈이 쉽고 빠르다

그는 해도 되는데 굳이 하지 않은 것이 있다
역사는 스코어카드에 뭐라고 적을까?

*김종필(1926~2018) 제11, 31대 국무총리.

선택의 기로에 서서

공을 홀로 보내야 할 때
주어지는 기회는 같지만
조건은 그때그때 다르다

열여덟 개로 나뉜 길이 있고
길마다 있는 선택할 기회가
모두 합해 일흔두 번이 있다

공식화된 습관적 선택과
이론에 현실을 가미한 선택은
결과와 의미가 다르다

암호 같은 기호로 숫자를 찾는
공식이 수학의 전부가 아니고
공식을 풀어가는 과정이 수학이다

수학만 그렇겠는가?
대입 값과 선택하는 조건에 따라서
결과가 달라지는 것들은 다 그렇다

치는 이도 아프고
맞은 공도 아프다
밟히고 파인 풀은 더 아프다

나부끼는 깃발

저만치 서 있는 공에게
여기가 구멍이라고
손 까불어 부른다

빨간색은 앞 핀이고
하얀색은 중 핀이고
노란색은 뒤 핀이다

무심코 나가다가
슬쩍 뒤돌아보면
이 또한 미소롭지 않은가?

그린은 추억을 부른다
깃발 날리던 한때와
그 시절의 그림자들

사랑 좇는 부나비처럼
깃발 좇는 사내들의 아우성

나부끼는 깃발은
피를 부르고, 가야 할 곳이며
기어코 이루어야 할 목표였다

욕심이 앞날을 어렵게 한다

동그라미 둥근 뜻은

모든 게임에는 규칙이 있다
해야 할 것과 하지 말 것을
게임 하는 누구나 지켜야 한다

스스로 판단하고 결정하라
동반자에게 동의를 구하라
허락 없이 만지지 마라
자신과 동반자를 속이지 마라

승패로 갈리는 게임에 있어서
참가할 기회는 공평해야 하고
게임의 과정은 공정해야 한다

규칙은 참여자 누구나 적용받고
모르는 것이 자랑거리가 아니며
무시하면 벌점을 받아야 한다

승패는 하늘의 뜻이다
이기면 밥을 사고
져도 같은 차 타고 가는

조문條文에 없는 규칙은
우리들의 불문율이지

연극이 끝난 무대

묵은 잔디 물오르는 사월
타석에 배우들이 등장하고
스크린대회가 상영된다

콘크리트 도로와 나무들
헤쳐 나오기 힘든 러프
커다란 연못과 물 뿜는 분수
빛깔 좋은 모래와 갈퀴들
잘 깎인 페어웨이의 잔디
유리알 그린은 고정 관객이다

배우의 말짱 도루묵인 스윙과
연기에 취하느라 소란스럽다

배우와 관객이 한바탕 놀다가
주객전도의 반전이 일어나는
조마조마한 스릴이 난무하고
환상적 결과에 환호성이 인다

영화가 끝나고 자막이 오르면
객석은 주섬주섬 짐을 챙기고
찢긴 스코어카드가 흩어진다

7홀

서쪽에서 해 뜰 날

해외여행을 계획하고 준비하는
과정부터 벌써 들뜬다

현실은 어떨지 모르는데
상상이 앞장서면서
바라는 대로 이루어진다는
긍정이 모든 것을 지배한다

막연한 희망이 눈을 가리고
나는 아니겠지
나만 아니면 돼
아플 현실을 애써 회피하려 한다

두 아들의 엄마처럼
비와 가뭄을 대비해야 하고
쌀독을 나누어 묻어야 한다

한두 번 겪는 일도 아닌데
만물이 소생하는
봄이 오면 번번이 설렌다

꽃이 피어서가 아니라
서쪽으로 해 맞으러 가니까

날 데려가 주오

주섬주섬 모은 살림살이가
봉긋 부푼 봄 처녀 가슴이다

여권 신분증 항공권 체류비/송영비
노트북 마우스 전화기 충전기
손가방 배낭 캐리어 모자 얼굴 가리개
화장품 선크림 선글라스

일상복 외출복 반바지 티 잠옷 속옷
소대(팔·다리) 양말 신발 슬리퍼 장갑
칫솔 면도기 손톱깎이 세제 빨래집게

복용 약 비상약 방수밴드 파우더 약통
부채 비옷 우산 샤워커튼/끈
후레쉬 워치/충전기 전기 연결선 배터리
보냉 물통 칼 쟁반 흑마늘

공(100개) 티와 송곳(티꽂이용) 마커
공 닦을 수건 골프채 씻을 물통
골프 백 항공 카버 이름표 손저울
여행자 보험 데이터로밍 탑승수속

목록*을 헤아리기도 숨차다.

*목록 : 훗날 기억하기 위한 기록이다.

보따리 싸는 설렘으로

짐을 싸서 무게를 단다
골프채를 가지고 갈 경우에는
한사람 당 32kg씩 부칠 수 있는데
그중 짐 하나의 무게가
23Kg을 초과하면 안된다

최대한 가벼운 가방을 택해서
무료 수탁 중량을 맞추어
골프백 14~15kg씩 2개
옷가방 13~14kg 씩 2개
가지고 탈 짐 2개로 나누어 담는다

필요할 것 같아서 챙겨가지만
안 쓰고 가져오는 것도 있고
가서 보면 빼먹은 것도 있다

짐을 싸두고
바라보는 흐뭇한 마음도 싸두고
눈에 선한 파란 잔디도 싸두고

뜨거운 햇볕과 불편 따위는
중독된 뜨거운 마음을 이기지 못한다.

참새, 하늘을 날다

인천공항 이층 출국장 입구에 내려
카트에 짐을 옮겨 싣고 들어 간다

온라인으로 탑승수속을 직접하고
전자티켓을 핸드폰에 다운받는다
여행사 카운터에서는 짐만 부친다

출국 절차가 간소해도 여전히 불편하다
탑승구 앞에서 기다리는 지루함을
내일부터 즐길 생각이 견디게 한다

탑승 시간을 기다리는 시간은
지루하기 짝이 없어도
들뜬 마음만큼 크지 않다

사람들을 가득 싣고
비행기가 공중부양을 한다

집과 길들이 점점 작아진다
구름 위로 솟아올라
하늘과 평형을 이룬다

덩달아 붕 뜨는 마음 잠재우고
하늘을 같이 날면서 꿈을 꾼다

설렘이 잔디를 밟게 한다

옆집 살림살이는 항상 궁금하다
알고 나면 별반 다르지 않아도
다를 것이라는 설렘으로
넘겨 보고 싶은 마음은 어쩔 수 없다

동남아 특유의 냄새와 열기를 안고
고속도로를 달려 여장을 풀어 헤친다
숙소는 화려하지도 고급스럽지 않고
사는데 딱 필요한 기본적인 것들만 있다

창문 열고 필드를 바라본다
시켜서 하는 거라면 죽어도 안 할
30 몇 도의 땡볕 아래서 채 휘둘러 땅파기
걷고 또 걸어가는 어찌 보면 고난의 길이다

사람들의 짓밟음을 단련이듯 견뎌내는
잔디의 무심한 얼굴이 또 질리게 한다
그렇게 모질게 파헤치고 짓밟아 놓고도
아무렇지 않은 인간의 잔인성을 본다

늘그막을 즐기려고 온 거잖아?
인간성은 무너지고 잔디를 밟고 선다

그래 이 맛이야!

흥이 많아서 놀기 좋아하는 민족답게
남의 나라에 한국 사람들이 넘친다

첫날은 골프장에서 연결해 준 부부와
인사를 나누고 조인 플레이를 한다

객지에서 만나는 고향 까마귀처럼
처음 보는 사람들이
같은 놀이를 즐긴다는 공통점 하나로
구면인 듯 반갑다

뜨거운 햇볕이 얼굴을 태우고
비 오듯 흐르는 땀으로 눈이 따가워
나무 그늘에서 화장을 고치면서도
못 하겠다, 안 하겠다는 사람은 없다

점심때 한잔할 생각에 침이 고인다
부리나케 들어와 맥주잔을 비운 여인이
헐떡이며 한마디 외친다

"그래 이 맛이야!~"

별다르게 해준 것도 없는데…
남정네 빙글빙글 웃는다.

서남쪽 에이지슈트 해가 뜰까?

서남쪽으로 비행기 타고 날아와
여명이 없는 벌판에 서서
지평을 응시하는 새벽이 열리고
떠오를 해를 찾아 어둠을 더듬는다

똥 뭉개던 사람은 가고 없고
기고만장 청춘도 가고 없고
곱던 색시 얼굴도 주름 깊은데
잔디는 옛 모양 그대로 되살아난다

지구가 둥글어 우주를 구르고
공이 둥글어 풀밭을 구르고
새옹지마 인생이 구르고
모자란 곳 없이 다들 공그르다

지구가 알고 공이 알고
너도 알고 나도 아는
땅에서 하던 짓 그만두고
허리 펴고 일어서 하늘을 본다

공은 해가 아니라서 서쪽에서
에이지슈트로 떠오를지도 모르지

집에서 새는 바가지 타령

나이 든 사람의 내 맘대로 독버섯
남의 나라 땅에서도 솟아 나온다

카트 타고 그린 주변 50미터
이내로 들어가지 말라 하고
패스하려거든 먼저 양해를 구하고
두 홀 앞으로 가라고 해도

부끄러움 따위는 집에 두고 온 건지
오늘만 살고 말 것처럼 무시한다
내 나이가 몇인데 그깟 걸 지키라느냐
나는 내 맘대로 할 테야

그렇지만 만약 내가 네가 하는 것처럼
그렇게 하면 또 그건 안 참더군

고약하다는 놀부 심보도 이렇지는 않다
같은 값을 치렀는데, 먼저 왔다는 이유로
제 집도, 고향도 아닌데 텃세를 부린다

앞 선생 도대체 몇 살인데 그러시오?
그것도 나이라고 까불고 있어 증~말…

100살 밑이긴 너나 나나 마찬가진데

탱크 굴러 가위눌리고

일 년에 두 번 해외에서 합방하지만
일인용 침대를 따로 쓴다

낮에 풀밭을 누비느라 고단한 몸은
등만 닿으면 바로 꿈나라에 빠진다
공이 돌돌돌 굴러가 홀인원 하려는 찰나
무서운 공포가 엄습하여 눈을 번쩍 뜬다

시커먼 그림자가 곁에 서 있고
손가락 집게가 내 코를 향해 내려오다가
번적 뜬 눈에 깜짝 놀라더니 오히려
"그때 눈뜨면 놀라잖아!!요~"

한일합방 때보다 무서운 공포가 지나고
해방을 기다리는 가녀린 코골이가
들릴락 말락 색색하더니 아니나 다를까
또 어디론가 탱크 여러 대가 굴러간다

그런다고 안 골면 내 코가 아니지
아내는 이불 방공호로 숨는다

다음날 공 안 맞으면 내 코 탓이다
그래 내 코가 석자다

이미 산 것은 환불이 안된다

이국의 한 달을 산다
태양이 이글대는 깡마른 날씨에
이마가 염전이 되어도

싫어하는 기색 하나도 없이
나무 그늘에서 선선한 바람으로
땀에 젖은 날개를 말린다

산 날 수가 바닥을 보일 때쯤이면
헤프게 산 날들이 못내 아쉬워
남은 날짜를 쪼개서 산다

젊은 향내음 풍기던 땀구멍은 닫히고
시련을 견디는 목구멍은 단내를 풍기고
삭막한 가슴은 바람 한 점 들이지 않는다

사내는 언덕에 올라 깊은 숨 들이키고
붉은 피 낭자한 서산마루 멍 때리다
문득 손가락으로 하루하루를 쪼갠다

아무도 판 적이 없는데 산
이 세상에 와 있는 현실의 사람들
왜 와서 어디로 가는지 모르고 산

이미 산 것은 환불하지 않는다

8홀

안 되는 것은 안 되지

팔꿈치에 변고가 생기고
침으로 치료가 안 되어
보호구를 낀 채로 견딘다

커피 잔을 들 수 없고
칫솔 쥐고 양치질을 할 수 없더니
이제는 물건을 손으로 쥘 수는 있다

아픔을 한꺼번에 잊으려 하지 마라
울 만큼 울고 나면
눈물이 나오지 않는 것처럼

아플 만큼 아파야 제대로 잊는다
힘이 빠지면 아픔도 빠져나간다

힘을 빼는 것과
힘을 못 주는 것은
부자와 가난한 자의 차이

안 주거나 못 주거나
그냥 줄 수 없는 것이 있다
아프다고 버디 컨시드는 줄 수 없지

세상에 공짜는 없다

장타자가 일으킨 사달

총거리 290미터의 짧은 파4 홀이 있다

티잉 그라운드에서 그린이 안 보이는 직선코스
페어웨이 200미터부터 살짝 내리막이고
그린 30미터 앞에 3미터 폭의 실개천이 있다

티샷이 내리막에 떨어지면 실개천 턱밑까지 간다
남은 40미터 남짓은 어프로치 거리로
앞 핀일 경우 이글이나 버디가 유혹한다

살짝 걷어 올렸는데 붕 떠서 개천에 퐁당 빠지고
만만하게 친 게 딱! 대가리 까서 못 넘어가고
마음만 급해 쌩크 난 볼은 우측으로 퐁당 빠진다

100미터를 남긴 짤순이는 먼저 온그린 해두었다
중간에 실개천을 배치한 설계자의 의도를
머리는 알아도 눈과 손과 몸의 협조가 없으면
뭘 안다는 것이 아무런 소용이 없다

채의 죄를 물어 땅에 내리찍고 오늘 왜 이러지
갸우뚱하며 4타째로 붙이고 컨시드 받아도 보기다
길면 다 좋을 것 같지만 짧아서 좋을 때도 있다

인간관계도 정성을 다하지 않으면 꼭 사달이 난다

인어들의 동심원

점심 식사 시간이 되려면 아직 10여 분이 남았다
알록달록 인어들이 듬성듬성 수다를 떨고 있다
오전 플레이 이야기를 하면서 안 그런 척하지만
잠시 후의 먹이에 모든 신경을 집중하고 있다

종업원은 열한 시에 과일바구니를 들고나온다
잔잔하던 호수가 동심원을 그리며 출렁인다
파닥거리며 몰려드는 인어의 몸짓은
사진 찍는 어린 종업원의 제지로 멈칫한다

달고 시원한 수박과 망고의 유혹을 이길 장사는 없다
내가 먹고 내 식구를 먹여야 하는데
남녀를 가릴 게 무엇이고, 체면과 나이가 무슨 상관이랴
한 손엔 접시, 한 손엔 집게를 들고 퍼 담느라 나를 잊는다

삼시세끼 한식에 수박과 망고를 공짜로 무제한 제공한다
바구니가 비면 바로 채우는 것을 알아도 기다릴 수 없다
내 나라에서는 비싸서가 아니라 원초적 본능이 원인이다
한 순배 소용돌이가 지나고 인어들이 비로소 밥을 먹는다

바구니에 남아도는 발간 속살들과 노란 젖무덤이 유혹해도
인어들은 외면하고 고상한 커피를 홀짝거린다.

미수의 따님처럼

88세 아버지를 모시고
해외 골프 여행을 하는 딸이 있다

미수*米壽* 골퍼는 매일 기어이 18홀을 친다
드라이버로 일백 미터 남짓 보내고
우드 어프로치 퍼터를 모두 사용한다

다시 치기도 없고 볼 터치도 없이
동반자나 뒤 팀에 폐를 끼치지 않는다

구슬땀 흘리는 미수 아버지와
지켜보는 육순 딸의 정겨운 미소에서

구십까지 공치겠다는 내 농담이
충분히 현실이 될 수 있음을 본다

내 의지로 몸 움직일 수 있는 날까지
발로 차고 다니더라도

부부가 서로 아들과 딸이 되어
카트 운전하면서 따라만 다닌들 어떠리

백돌이란 단어가 괜한 게 아니었다
백 살까지 공치러 돌아다니라는 것일까?

그런 시절이 오고 있다.

눈빛으로도 안 된다면

부인이 티샷하려고 방향에 맞춰
꼼지락거리며 스탠스를 취하자
남자가 살그머니 다가간다

흘기는 눈길에 어물쩍 물러서는데
땅! 하고 뒤땅을 때리고 나서
"맘속으로 기어이 간섭했지?"

아닌데?
앞에 있는 연못 걱정은 했지만
뒤땅은 생각하지도 않았는걸?

말은 당연히 금지고
절대 몸도 쓰지 말고
숨도 쉬지 말라고 했잖아

눈빛으로도 간섭하지 말라니까
이젠 텔레파시로 끼어들어?

뒤땅 까놓고
얼마나 아쉬우면 저럴까
부끄러움 다 받아주는

멈출 수 없는 사랑이여

일구종사, 엮인 풍상을 닦고

한 개가 달걀 한 판 값이라는
새 공을 꺼내어 첫 살림을 차린다

헌 공은 연못도 잘 넘어가고
벙커 모래밭 따위는 거들떠보지도 않고
하얀 말뚝 빨간 말뚝도 피해서 가는데

곱게 아낀 새색시 대하듯
너무 조심하고 주저한 탓일까
새 공만 꺼내 들면 꼭 사달이 난다

도사道死*를 면하고 목생木生*하여
모래밭에 박히고 풀 더미에 묻힌 공을
달래서 집으로 데리고 간다

공 하나로 18홀을 마치고
찍히고 까인 몸뚱어리 어루만져
수건으로 얼굴 닦아 주머니에 넣는다

만져보는 일부종사 여인의 얼굴은
만고풍상으로 지치고 얼룩졌어도
나 하나로 한평생 세월을 다 엮었다

그녀는 내 코스를 잘 아는 주인공이다.

*도사 : 도로에 맞으면 죽고, *목생 : 나무에 맞으면 산다.

검지의 무죄

열여덟 홀마다 목적지인 그린이 있다
그린 108㎜ 구덩이에 깃대가 꽂혀있고
둥근 공에는 줄이 그려져 있다

사통팔달 없는 길 따라 구르고 구른
공이 우여곡절 끝에 그린에 올라가면
구덩이에 넣으려는 줄 맞춤이 보통이다

쭈그리고 앉았다 일어날 때
무릎이 아프지만 마음도 아파서
퍼팅 라인에 공의 줄을 맞추지 않는다

텃밭을 매다가
서울에서 내려온 아들을 반기시며
"이제는 다리가 팍팍하다~~"

하시던 그 무릎을
한 번도 주물러 드리지 못하고
하늘까지 구부리고 가시게 한 죄

불구덩이 앞에 줄 서던 그날에서
얼른 벗어나려고 툭 치고 마는…

코밑을 훑고 가는 검지는 뭘 알까?

김치라면 국물만 하기를

한 젊은 부부와 조인 플레이를 했다
성격이 쾌활해서 시집을 선물하고
답례로 즉석식 김치라면을 받았다

갈증이 심해서 맥주 생각이 간절한데
마실 수 없는 철 지난 애주가의 비애가
콜라로는 해결이 안 돼서 마셔댄 얼음물

더위에 찬물을 너무 많이 먹어서인지
보건소에서 본 창을 든 도깨비를 닮은
장염에 걸리고 말았다

라면을 후끈하게 끓여 먹으면 시원하겠는데
배가 살살 아프고 먹으면 주룩 흐르는
뒷 눈물이 마르지 않아서 쳐다만 본다

밥 한술에 한 번씩 보는 굴비도 아니고
시원한 라면 국물에
밥 말아 먹고 며칠 더 아플까?

남는 시간에 핸드폰만 보는데
시집을 읽게 해줘서 감사하다고 한다
내 시가 부디 김치라면 국물만 하기를

환청, 어울림 소리

여행을 마치고 돌아와
짐 정리를 하고 눕는다

몰려드는 잠에 빠지고
얼마나 잤을까?

카트가 일으키는 바람 소리
이사장 김사장 부르는 소리

굿샷! 버디! 외치는 소리
환청이다

공과 공球 사이에서
배려하고 견제하는 공公들

사람들의 어울림 소리.

맞짱 뜨기에서 지면

두 사람이 맞대결하는 게임을 한다
64강, 32강을 거쳐 16강전에서
2 UP으로 이기고 가는 선수가

비기기만 해도 8강전으로 진출하는
17번, 18번 홀에서 연속하여
상대방에게 지고 연장전을 치른다

연장전에서도 패하여 탈락하고 나서
이겼다고 생각하다가 한순간에 무너진
쓰린 마음을 달래며 8강전을 구경한다

연장전을 치르고 올라간 선수는
체력이 떨어졌는지 홀마다 패하더니
7홀을 남기고 매치에서 지고 만다

그리 쉽게 질 바에는 나에게 졌어야지
내가 올라갔으면 이겼을 텐데…
과연 그랬을까?

역사에 가정이란 있을 수 없듯이
골프의 세계에 가정이 필요하지 않다
지면, 다음 도전을 기다려 이기면 된다.

9홀

이런 것이 마루타

전반전 마치고 그늘집에서
여인네끼리 수다가 한창이다

썬크림 있잖아요
유효기간 지나면 어떻게 해요?

많이 지난 건 버리고
두어 달 지난 건
남편 얼굴에 발라보고
부작용 없으면 쓰고 아니면 버려요

어느 날 나가려는데 친절하게
내 얼굴에 뭘 바르려고 덤빈다

이거 유효기간 지난 거지?
몰라?

한 달 지난 거잖아?
어떻게 알았냐고 웃는다

복수할 궁리를 하면서
나가는데 어쩐지 가렵다

골프에 진심이다

퇴직하고 무엇을 하며 살 것인지 고민하다가
돈 버는 일은 더 이상 하지 말고
아내와 같은 취미인 골프를 치며 살기로 했다

지출을 최대한 줄이고 아이들 지원을 조금 받으면
비용이 적게 드는 골프장으로 한 달에 두 번은
나갈 수 있겠다는 가능성이 보여서였다

더구나 혼자서도 연습할 수 있고
팔십 대까지도 충분히 할 수 있다는 것과
무엇보다도 자연과 함께한다는 매력이 컸다

해외의 저가 골프장의 비수기 때 한 달 비용이
국내 한 달 생활비에 조금만 더 보태면 되므로
일 년에 두 차례는 나갈 수 있는 것도 장점이고

파란 하늘 아래에서 맑은 공기 마시며
자연과 어울리고 배우자와 사는 이야기 하고
동반자들과 정을 나누는 시간이 즐겁고 좋다

시작하고 어느 정도 익숙해진 다음에 안 것이지만
고민과 노력, 도전과 회피, 성공과 실패 등
골프를 구성하는 모든 요소가 인생과 너무 흡사하다

내가 골프를 몰랐더라면 지금 무엇을 하고 있을까?

골프로 문지방 넘기

나와 아내의 일상생활인 골프는
단순한 취미나 여백을 메꾸는 수단을 넘어
여생의 활력소 역할을 하는 중심축이다

인생의 여정과 흡사하다는 골프는
자연과 어울리려고 탈출하는 휴식이지만
그 안에도 역시 희노애락이 존재한다

부부싸움의 예방백신이고 치료제이지만
독립과 자존심에 상처가 생기지 않도록
서로 배려하고 존중하는 마음이 필수적이다

똑같은 조건이 없는, 운동이면서 오락이고
위험과 승부를 겨루는 기쁨 좌절
안되다 잘되는 유혹, 끊지 못하는 중독이다

자연에 순응하려는 마음으로 겸손하게 나서도
어느새 욕심에 갇히고 질시에 긴장해야 하는
한마디로 설명할 수 없는 궁금증의 도가니다

한번 빠지면 헤어나기 힘들고
할 수 있을 때까지 계속 안는 애첩처럼
걷고 채를 들 힘만 있으면 문지방을 넘으리라.

적당히 엎드리기

연습할 때나 필드에 나가거나
나와 공과의 거리가 중요하다

사람이 같고 장비와 장소가 같아도
치는 데 드는 힘이 다르고

허벅지와 등의 근육 팔근육도 같은데
공을 칠 때의 척추 각이 다르면

엎드린 모양으로 치는 힘이 변하고
공의 비거리와 구질이 달라진다

납작이는 엉거주춤 뒤땅을 치고
곧추서기는 공 머리를 때리기 쉽다

적당히 엎드려야 한다
적당한 게 어느 정도냐고?

납작이는 고꾸라지려고 하더라
오줌 눌 때가 곧추선 거잖아?

화장실에서 바지 내리듯
급하지 않게 천천히

모르겠거든 그냥 편하게 해
인간관계도 적당한 간격이 필요하지

괜히 부리는 심통

다니는 연습장의 기본 시간이 한 시간이다
딴 곳에 곁눈질하다가 오랜만에 다시 갔더니

평일에는 달라고 하지 않아도 종료 3분 전에
20분씩 3번까지 추가해 주는 것으로 변했다
휴일에는 추가시간을 주지 않는다
예약제로 운용하는데 예약이 없어도 안준다

길들여지는 것
계속 공짜로 주던 것 안주면 괜히 섭섭하고
얻어먹는 밥도 주다가 안주면 풀이 죽는다
돌아누운 여인의 등을 보는 것처럼 얄밉다

가스라이팅이 이런 걸까?

근육에서 힘이 나온다

오른팔 팔꿈치가 저리는 것으로 보아
악명 높은 골프엘보가 찾아온 것이다

팔이 아프다는 하소연을 듣는 이마다
이구동성으로 쉬어야 낫는다고 한다

청개구리가 생각하기를
왠지 모르게 침을 맞으면 나을 것 같았다

한의원 원장은 2주면 낫는다고 하더니
한 달이 지나도 아프다고 하니 갸우뚱한다

청개구리는 간단한 근력 운동기구를 샀다
이열치열처럼 운동으로 나을 것 같아서다
쥐락펴락 당기기를 반복하는 동안 나아졌다

근육이 단결하고 강해지는 느낌이다
근육을 단련시켜 힘을 길러야 하는 것이었다
아픔은 견디는 힘도 비거리도 근육에서 나온다

뭐든 키움으로 이겨내야 한다

일단멈춤

같은 타석에서 연습해도 안 되는 날이 있다
어제 나가던 거리가 아니고 방향이 그쪽이 아니다

이렇게 해보고 저렇게 해봐도 바로 집히지 않는다
안 되는 걸 열 받아서 계속할수록 더 안 된다

하면 할수록 반복된 잘못이 몸에 축적될 뿐이고
버릇으로 굳어질 수 있다

교통 신호에 우선멈춤이 괜히 있는 것이 아니다
먼저 건너려다 먼저 가지 않도록 기다려야 한다

그러다 어느 날 아무리 생각해도 깜깜하던 것이
갑자기 떠오르듯 어느 순간 잘 맞는다

그래서 골프를 한다

공이 돈이 되는 현실 앞에서

도심에서 그물망 연습장이 사라지고
스크린 연습장으로 대체 되어가고 있다

스크린 골프나 스크린 연습장의 공통점은
설정에 따라서 센서가 비거리와 방향을 감지하여
결과가 결정되는 시스템이다

스크린 연습장은 비거리가 실제보다 짧게 나오고
스크린 골프는 필드 비거리보다 더 잘 나온다

연습장에서 연습을 안 해도 비거리가 잘 나오면
회원들이 돈 내고 티칭프로 교습을 받지 않을 테고
스크린 골프장이 치는 재미가 없다면 이용하러 갈까?

어렵게 세팅해야 할 이유
잘 나가게 세팅해야 할 이유가 충분히 있다

점주와 티칭 프로는 대여와 가르침으로 돈을 벌고
고객은 어려움을 이겨내면서 실력이 늘고
잘 치는 것 같아야 즐겁고 재미가 있어야 또 간다

서로의 장삿속이 맞으면 공이 돈이다.

숏 게임이 솟아날 구멍이지

날마다 세 끼니 밥을 다 먹는
삼식이가 밥풀을 흘리는 것은
수저질이 서툴러서가 아니라

집어넣는 본능의 반란
입과 손 사이의 커뮤니케이션
정보전달이 어긋난 풀죽음이다

해외 한달살이 나가서
날마다 36홀씩 치는데도
파 온을 놓치는 것은
못 쳐서가 아니라

공을 치는 스윙이 삐걱대는
눈과 손 사이의 어긋난 밸런스

눈이 보내는 거리에 맞는
근육과 손의 감각이 어긋나
해오던 습관이 무너지고 있다

하늘이 무너져도 솟아날 구멍이 있다
집이나 밖이나 설거지를 잘하자

사는 것도 놀이처럼….

엄니한테는 썩을 놈이지요

미쳤지
암만 미친 거여

즈 아부지는
새끼들 멕여 살린다고
꼭깽이로 쌩땅 파든마는

아! 저 썩을 놈은
짝대기로 땅 파고
공 궁굴시면 머시 나온다고

물 만난 괘기 맹키로
때만 되면 즈 각시 데불고
싸돌아 댕기는지 참말로 징허네

아따 엄니 아짐찮게
어째 그래싸시요
재밌는디 워쩔거시요

그란디, 거시기…
그 미친 짓거리 하러
또 쪼깨 나갔다 올라요

잘 계시지라우? 엄니?

단거리 일방통행 길

밤 비행기로 인천공항을 출발하고
목적지에 새벽에 도착해서 시작한
골프 여행이 벌써 며칠이 지났다

인천공항에서
방콕 공항에서
낯익은 얼굴들을 많이 본다

봄 여행 때 본 분들과
또 다른 곳에서 본 분들이

같은 비행기를 타고
같은 목적을 위해서
같은 곳으로 간다

즐거운 삶을 위해서
좋아하는 것을 같이 즐기는
우리는 알게 모르게
같은 길을 걸어가고 있다

인생은 단거리 일방통행 길이다

이제, 어떻게 서야 할까?

공은 어디로 얼마만큼 가야 할는지
제 스스로 결정하지 못한다

앞에 있는 근심덩어리를
어떻게 어디로 치울 것인지
내가 결정해야 한다

눈으로 보낼 거리를 가늠해서
방향을 정해 몸을 정렬하고
자리 잡아 다리를 벌리고 선다

초로 지난 터벅터벅 인생길
예전 같지 않은 기력으로
귀찮은 듯 하루를 보내고 있다

파5 코스는 힘들고 긴 인생길
귀찮다고 퍼팅 안 할 수는 없잖아
들어갈 때까지 칠 것은 쳐야지

남은 시간은 가늠되는 거리고
방향은 못다 한 이야기 버킷리스트
이제, 어떻게 설 것인가

내리막 어프로치···

늬들이 이 맛을 알아?

사랑하기 딱 좋은
한창때 사내가

농익은 술맛과
노는 맛을 아는데

다음날 거사를 위해서
음주 가무를 마다하고

마누라 눈치 피해서
등 돌리고 몰래 잔다

골프는 섹스보다 즐겁다

발문跋文

골프 몰라도 쉽고 재미가 있다
쉬운 언어로 형식에 구애 받지 않은 시

이만근(시인)

1

　이현희 시인이 시집 『쉬운 길은 재미없지 인생도, 골프도』을 낸다. 첫 시집 『그래서 행복하십니까?』(2023)에 이은 두 번째 시집이다. 시집에 수록한 작품 모두가 골프를 소재로 하고 있어 놀랐다. 골프를 소재로 한 전작 시집은 아마도 우리나라 최초일 것이다.
　이현희 시인이 골프가 부유층이나 즐기는 스포츠라고 백안시하는 현실에서 골프 마니아가 되고 시를 쓰게 된 동기가 어디에 있는 것일까. "골프는 너무 스토리가 많아 시가 되기 힘들다"는 말을 어떻게 극복했을까 궁금했다.
　다소 편견에 휩싸인 골프가 요즈음은 보다 많은 사람들이 즐기는 스포츠가 되었다. 한 조사(2023)에 따르면 우리나라 20대 이상의 인구 중 연 1회 이상 골프 활동을 한 사람이 624만 명(16.9%)으로 나타났다. 이제는 그만큼 대중적 스포츠가 된 것이다.

　이현희 시인은 40여 년간 전문직 공무원으로 봉직하다가 정년 1년을 앞두고 명예 퇴직하였다. 공직에 있으면서 주경야독으로 동국대학교를 졸업하고 2023년 '월간시인' 신인상 공모에 당선하여 등단한 시인이다. 시인으로서의 등단은 다른 시인들에 비해 조금 늦은 감이 들지만 그 후 다양한 소재로 왕성한 작품 활동을 이어가고 있다. 골프를 소재로 한 이번 시집이 그 대표적 결실이라고 할 수 있다.

머리글 〈시인의 말〉에서 이현희 시인은 이렇게 밝히고 있다.

"골프가 도전이듯이 한번 해보자는 도전 의식으로 원고를 작성했습니다. 사는 일에 일가견이 없듯이 골프에 대한 전문 지식은 없습니다. 동료들, 친구들과 어울려 다니며 골프를 즐기다 보니 어느새 젊은 시니어가 되어 있습니다. 골프를 즐기면서 보고들은 에피소드와 골프를 통해서 배우고 느낀 개인적인 생각들을 중심으로 작성했습니다. 물론 다소의 과장과 너스레는 양념처럼 포함되어 있습니다."

2

우선 이해를 돕기 위해 먼저 골프가 어떤 스포츠인가 알아보자. 골프는 넓은 들판, 구릉지, 산비탈, 해변 등에 조성된 골프장의 정해진 코스위에 정지된 볼을 지팡이 모양의 골프 클럽(골프채)으로 쳐서 정해진 홀에 넣을 때까지 소요된 타수로 우열을 겨누는 경기다. 약 7~8km의 코스에는 계곡과 숲, 연못과 모래밭, 모래웅덩이 등 다양한 장애물이 만들어져 있다. 코스의 길이가 보통 짧은 홀과 긴 홀, 중간 홀로 보통 18홀로 구성되어 있다.

이현희 시인은 골프가 어떤 스포츠보다 희로애락이 담긴 스포츠이며 인생과 너무 닮았다고 이 시집에서 강조한다. 그의 시를 이해하는 데는 별 어려움이 없고 특별히 해설을 붙일 필요도 없는 시다.

현대시가 일반 독자들에게 멀어져가는 것은 시 이론이나 형식에 얽매이거나 추상적 난해한 표현에 기인한다. 아무리 시가 언어의 가장 첨단적이고 전위적 예술이라고 하지만 지나친 기교나 꾸민 빈 말, 즉 기어綺語로 만든 시는 감동을 줄 수 없다.

이러한 점에서 이현희 시인의 시는 일단 읽기 쉽고 재미가 있다. 어떠한 과장이나 허세, 꾸밈이나 모호함이 보이지 않는다. 시의 소재 또한 제한을 두지 않고 사소한 소재라도 보편적 쉬운 언어로 시의 형식에 구애 받지 않고 쓰여 있어 싱싱한 생명을 갖고 있다.

먼저 이현희 시인이 골프에 입문하고 좋아하게 된 동기와 골프를 대하는 자세를 밝힌 시 〈골프에 진심이다〉를 먼저 살펴보자.

> 퇴직하고 무엇을 하며 살 것인지 고민하다가
> 돈 버는 일은 더 이상 하지 말고
> 아내와 같은 취미인 골프를 치며 살기로 했다
>
> 지출을 최대한 줄이고 아이들 지원을 조금 받으면
> 비용이 적게 드는 골프장으로 한 달에 두 번은
> 나갈 수 있겠다는 가능성이 보여서였다
> 더구나 혼자서도 연습할 수 있고
> 팔십 대까지도 충분히 할 수 있다는 것과

무엇보다도 자연과 함께한다는 매력이 컸다

해외의 저가 골프장의 비수기 때 한 달 비용이
국내 한 달 생활비에 조금만 더 보태면 되므로
일 년에 두 차례는 나갈 수 있는 것도 장점이고

파란 하늘 아래에서 맑은 공기를 마시며
자연과 어울리고 배우자와 사는 이야기를 하거나
동반자들과 정을 나누는 시간이 즐겁고 좋다
-〈골프에 진심이다〉 전문

 긴 설명이 필요치 않을 만큼 골프에 대한 진심을 구체적으로 표현하고 있다. 골프가 다른 어떤 스포츠보다 가족이나 친구와 유대를 끈끈하게 해주고 자신의 내면을 여행할 기회를 제공한다는 것을 인식하고 받아들이고 있다. 필자도 문인 골퍼가 드문 시절인 40여 년 전 평소 가깝게 지내던 조선작趙善作 소설가의 강권으로 골프에 입문하여 오늘날까지 주말 골퍼로 여가를 즐기고 있다.
 우리가 '골프 왕'이라고 일컫는 아놀드 파머는 "다른 사람들이 시詩에서 발견하는 것을 나는 볼이 멋지게 공중을 나는 데서 발견한다"고 한 말이 가슴에 다가온다.

인간이 만드는 놀이터는
자연을 모방한 창작물이다

평탄하고 넓은 들 좌우로
키 큰 나무로 경계를 짓고

평균적 공 낙하지점에
연못과 모래밭을 만들고

산비탈 경사와 낭떠러지
민낯 바위와 돌은 그대로 둔다

평지, 골짜기, 연못 건너편으로
언덕 아래로, 바닷가 절벽 위로

상황판단 능력, 전략과 지혜
인내와 뚝심을 시험하는 설계자

하라는 대로 할 텐가
어깃장으로 질러갈 텐가

신이 설계한 인생살이도
고난도 회피와 탈출의 연속

인생도 자연의 일부라는 가르침
쉽게 가면 재미없잖아?
-<쉬운 길은 재미 없지> 전문

    이현희 시인은 골프 라운딩을 출발하는 티잉 그라운드에서 앞을 바라보면서 골프 코스의 설계자와 인생살이를 설계한 신을 비유한다. 앞으로 닥칠 어려움을 어떻게 헤쳐나갈 지를 인생과 연결한다. 골프가 인생과 너무 많이 닮았다고 하는 것은 참으로 어려운 스포츠라는 것과 서로 통한다. 보통 골프 코스 설계자는 자연 경치와 그 아름다움을 느끼도록 하면서 도전과 승부욕을 자극하는 데 바탕을 두는 게 상례다. 아울러 골퍼의 실력이 그대로 반영될 수 있도록 한다. 코스가 너무 쉬우면 골프를 만만히 볼 수 있고, 세상일도 언제나 잘 풀리기만 하면 삶을 만만하게 볼 수 있다.

이현희 시인은 "인생도 자연의 일부라는 가르침/ 쉽게 가면 재미없잖아?"라고 세상이 자기 마음대로 되지 않는다는 것을 골프와 대비시켜 겸손을 강조한다.

근심덩어리
하나를
머리에 이고

우주의 인력과
지구의 중력을
받치고 버틴다

머리에 올라탄
걱정이 날아가면
즐거움이 기다릴까

인생살이 굽이마다
사라질 날 하루 없이
기다리는 근심 걱정

버거운 삶의 무게를

온몸으로 버티고
끝내 견뎌내야 하느니

그대 살아가는 일이
나보다
힘들고 무서울까
-<두렵지 않다> 전문

골프는 첫 홀 티업을 하기 위해 골프 티꽂이 위에 볼을 올려놓을 때부터 누구나 가슴이 두근거리며 두려움이 앞선다. 이때 볼을 받치고 있는 티꽂이를 의인화한 시다. 인생살이에서도 언제나 근심과 걱정 등 삶의 무게에 짓눌려 산다. 이현희 시인은 "온몸으로 버티고/ 끝내 견뎌내야 하느니"라고 두렵지 않은 삶의 자신감을 나타낸다.

골프장에서는 그렇지 않은 경우가 많다. 힘 있게 그리고 완벽하게 샷을 날리면 상쾌한 기분이 들지만 자신이 친 공이 원하던 방향으로 날아가지 않으면 모든 것을 포기하고 싶은 절망감 속에 빠질 때도 있다. 두려움을 극복할 수 있는 것은 꾸준한 연습뿐이다. 연습이 "완전함을 만들지 못해도 연습부족은 불완전함을 낳는다"고 했다. 인생도 마찬가지로 자신의 삶에 있어서도 자신이 원하는 대로 잘 안되면 절망과 좌절감을 갖는 경우가 있다.

사랑하기 딱 좋은
한창때 사내가

농익은 술맛과

노는 맛을 아는데

다음날 거사를 위해서
음주 가무를 마다하고

마누라 눈치 피해서
등 돌리고 몰래 잔다

골프는 섹스보다 즐겁다
-〈늬들이 이 맛을 알아?〉 전문

나와 아내의 일상생활인 골프는
단순한 취미나 여백을 메꾸는 수단을 넘어
여생의 활력소 역할을 하는 중심축이다

(…중략…)

부부싸움의 예방백신이고 치료제이지만
독립과 자존심에 상처가 생기지 않도록
서로 배려하고 존중하는 마음이 필수적이다

(…중략…)

자연에 순응하려는 마음으로 겸손하게 나서도
어느새 욕심에 갇히고 질시에 긴장해야 하는
한마디로 설명할 수 없는 궁금증의 도가니다

한번 빠지면 헤어나기 힘들고
할 수 있을 때까지 계속하는 애첩인 양

걷고 채를 들 힘만 있으면 문지방을 넘으리라.
-〈골프로 문지방 넘기〉 일부

3

"골프의 유일한 결점은 너무 재미있다는 데 있다"는 속담이 있다. 흔히 말하는 "돈이 많이 들어서, 시간을 많이 빼앗겨서"가 아니다. 삼복더위에도, 영하의 강추위도 탓하지 않고 골프를 즐긴다.

미국 아이젠하워 대통령은 재임 8년 중 800번이나 라운딩했다고 하고, 세계 골프 명예의 전당에 헌액된 치치 로드리게스는 "이 세상에서 못하는 놈도 즐길 수 있는 두 가지가 있다. 하나는 골프이고 하나는 섹스"라고 할 정도로 골프는 마력이 있다.

이현희 시인도 골프의 '삼매三昧'에 빠진 것을 이 시로 고백한다. 골프의 유혹은 끊지 못하는 중독이라고 고백한다. 아내의 잔소리를 듣지 않고 탈 없이 골프를 즐기려고 아내와 함께 하는 것은 현명한 대처였다.

> 모든 게임에는 규칙이 있다
> 해야 할 것과 하지 말 것을
> 게임 하는 누구나 지켜야 한다
>
> 스스로 판단하고 결정하라
> 동반자에게 동의를 구하라
> 허락 없이 만지지 마라
> 자신과 동반자를 속이지 마라

승패로 갈리는 게임에 있어서
참가할 기회는 공평해야 하고
게임의 과정은 공정해야 한다

규칙은 참여자 누구나 적용받고
모르는 것이 자랑거리가 아니며
무시하면 벌점을 받아야 한다
-<동그라미 둥근 뜻은> 일부

이현희 시인이 골프에서 규칙을 지키고 공정하고 당당하게 임해야 한다는 것을 시로 표현한다. 골프는 다른 스포츠보다 엄격한 규칙(룰)이 있고 그 규칙도 세분화되어 있다. 그러나 심판관이 따로 없고 따라다니면서 감시도 하지 않는다. 자기 자신 스스로가 심판관이 되는 신사적 스포츠다. 동반자 이외는 감시자가 없기 때문에 마음이 흔들리는 때가 있다. 그래서 사람을 오래 사귀면서 아는 것보다 단 한 번의 골프 라운딩으로 더 많이 알 수 있다고 한다. 평소 숨겨진 모습들이 불쑥 튀어 나오기 때문이다. 골프를 통해 '정직과 공정'을 배워 바른 삶으로 연결하고 좋은 스코어보다 마음의 여유를 가지고 규칙을 지키면 친구들을 많이 얻을 수 있다고 강조한다

공자孔子께서 말씀하시기를
벗들과 필드에 공치러 나가거든
공손恭遜한 마음으로 공을 쳐라

건방진 공격攻擊으로 공이

공球을 갈라 날아가게 하지 않고
자연스럽고 유연하게 공존共存하면
공에 대한 공포恐怖는 없을 것이다

열여덟 개 홀을
공과功過없이 끝낼 수 없으니
공부工夫하고 연습하는 노력을
게을리 하지 않아야 한다

공이 공孔에 빨려 들어가는
공功을 많이 세워야
동반자들이 주머니 털어
공물貢物을 많이 내거든

허나 필드가 끝이 아니니
공돈은 아니라고 일러라
공도 돈도 돌고 돈다
-〈공자 말씀〉 전문

    이현희 시인은 '공자님 말씀'을 원용하여 골프를 제대로 즐기라고 한다. 누구나 골프를 처음 시작할 때 레슨프로나 선배들로부터 가장 많이 듣는 말이 "머리를 들지 말라, 힘을 빼고 쳐라"이다. "결과에 너무 연연하지 말라"와 "욕심을 버리고 겸손하라"는 말이다. 이 시에서도 "공손한 마음으로 공을 쳐라" "자연스럽고 유연하게"를 강조한다. 흔히 골프를 변명으로 시작하여 핑계로 끝나고, 아쉬움이 많이 남는 게임이라고들 한다. 그래서 "공부하고 연습하는 노력을 게을리 하지 않아야 한다"고 한다. 좀 잘 쳤다고 우쭐대거나 자기가 잘못 치고는 투덜거리거나 그 책임을 캐디나 동반자에게 돌리는 경우가 있다. 그런 사람은 일반 사회생활에서도 그렇다.

    병아리가 안에서 쫌과 동시에
    어미 닭이 밖에서 쪼아주면
    껍질을 깨고 나오기가 수월하다

    문득 백 타를 깨던 날은
    장가든 그날처럼 기뻤구나
    비로소 핸디 받을 자격을 얻었다

    독학과 코칭으로 징검다리 건넌
    늘그막 등단 시인이 그렇듯이
    잘하려는 고민도 따라서 늘어나고

    설익은 시 퇴고를 거듭하는 것처럼
    불철주야 연습을 하고 또 해도
    필드에 나가면 맨날 그게 그건데

    연습 한번 할 수 없고
    고쳐서 다시 살 수도 없는 인생은
    백년을 살아야 겨우 깨백인 것을

    골프는 인생이고
    인생은 골프와 같은 것이라니

에이지슈트를 함이 어떻겠는가?
-〈줄탁동시로 에이지 슈트〉

이현희 시인은 이 시에서 '골프는 인생이고/ 인생은 골프와 같은 것이라니/ 에이지 슈트를 함이 어떻겠는가?'라고 끝맺는다. 모든 아마추어 골퍼의 꿈인 에이지 슈트를 달성하기 위해 '설익은 시 퇴고를 거듭하는 것처럼 불철주야 연습'을 한다. 그의 꿈이 이루어지기를 응원한다.

4

문학평론가 홍사중洪思重은 『골프는 인생이다』(2014)이란 저서에서 '골프가 인생의 교과서'라고 전제한 다음 "나는 뒤늦게나마 골프를 하면서 새삼스레 인생을 배우기도 한다. 나는 골프장에서 골프를 배우기보다는 인생을 배우는 게 더 많았다. 한두 홀을 잘 쳤다고 우쭐해지면 그다음 홀부터 무너진다"고 했다. 또 힘껏 휘두르지 않는데 공을 어떻게 멀리 날릴 수 있느냐는 것이다. 사람이 사는 것도 마찬가지다. 힘껏 노력하지 않으면 무엇이든 성취하지 못 한다"고 했다.

88세 아버지를 모시고
해외 골프 여행을 하는 딸이 있다

미수米壽 골퍼는 매일 기어이 18홀을 친다
드라이버로 일백 미터 남짓 보내고
우드 어프로치 퍼터를 모두 사용한다

다시 치기도 없고 볼 터치도 없이
동반자나 뒤 팀에 폐를 끼치지 않는다

구슬땀 흘리는 미수 아버지와
지켜보는 육순 딸의 정겨운 미소에서

구십까지 공치겠다는 내 농담이
충분히 현실이 될 수 있음을 본다

내 의지로 몸 움직일 수 있는 날까지
발로 차고 다니더라도

부부가 서로 아들과 딸이 되어
카트 운전하면서 따라만 다닌들 어떠리

백돌이란 단어가 괜한 게 아니었다
백 살까지 공치러 돌아다니라는 것일까?

그런 시절이 오고 있다.
-〈미수*米壽의 따님처럼〉 전문

이 시를 읽다가 언뜻 제임스 도드슨이 쓴 『마지막 라운드』(1999)가 떠올라 미소를 머금었다. 저명한 골프 전문 기자인 저자가 여든 아버지와 골프코스를 무대로 친구처럼 동행하면서 부자지간의 정을 그린 논픽션이다. 이 책은 암 말기 시한부 삶을 사는 아버지와 아들이 아버지로서의 삶과 산다는 것의 의미 등 골프만이 아니라 골프를 통해서 인생의 교훈을 얻게 해준다.

그러나 이현희 시인은 이 시에서 '부부가 서로 아들과 딸이 되어/ 카트 운전하면서 따라만 다닌들 어떠리'라고 아내와의 백년해로를 꿈꾼다.

5

영국의 시인 알프레드 테니슨의 시에 〈해가 어느새 저물어가고 있는가〉로 시작하는 시가 있다. 황혼의 서글픈 심정의 표현이 아니라 골프장에서 골프에 몰두하다가 저물어가는 해를 바라보면서 아쉬운 마음을 노래한 것이다. 세계 골프 명예 전당에 헌액된 칙 에반스는 "골프로부터 나는 많은 것을 배웠습니다. 인생을 꾸려나가는 방법, 나의 성격의 결점, 친구를 가려내는 방법, 자연에 대한 경외의 마음, 그리고 무엇보다도 골프와 더불어 걸어가는 인생의 기막힌 맛들을 배웠습니다"라고 했다.

이현희 시인은 이 시집에서 골프가 즐겁고 재미가 있지만 어려움과 괴로움, 난관을 극복해야 하는 인생과 같다는 것을 강조한다. 골프에 얽힌 이야기를 시로 묘사, 승화한 작품은 누구나 재미있게 읽을 수 있고 삶의 지혜와 교훈을 얻을 수 있다. 골퍼나 골프 마니아를 넘어 많은 사람들이 또 다른 기쁨을 얻을 수 있기를 기대한다.

끝으로 해설이라는 사족을 단 것은 이현희 시인의 노후가 골프를 통해 즐겁고 아름다운 삶이 되기를 소망하며 필자도 골프를 40여 년간 즐겨온 우정의 소치임을 밝힌다.*